闽浙粤

地区低碳物流发展研究

周容霞◎著

Wuhan University Press
武汉大学出版社

图书在版编目（ＣＩＰ）数据

闽浙粤地区低碳物流发展研究 / 周容霞著 . —武汉：武汉大学出版社，2021.7
ISBN 978-7-307-22440-7

Ⅰ.闽… Ⅱ.周… Ⅲ.物流—节能—研究—福建、浙江、广东 Ⅳ.F259.2

中国版本图书馆 CIP 数据核字（2021）第 138082 号

责任编辑：黄朝昉　　　　责任校对：孟令玲　　　　版式设计：中北传媒

出版发行：武汉大学出版社　　　（430072　武昌　珞珈山）
　　　　　（电子邮箱：cbs22@whu.edu.cn　网址：www.wdp.com.cn）
印刷：三河市天润建兴印务有限公司
开本：787×1092　1/16　　　印张：15　　　字数：205 千字
版次：2021 年 7 月第 1 版　　　2021 年 7 月第 1 次印刷
ISBN 978-7-307-22440-7　　　定价：62.00 元

前　言

在现代市场经济中，物流业已然成为国民经济的动脉系统，对整个经济社会的发展起着重要的保障与支撑作用。同时，物流业又是我国能源消耗和二氧化碳排放的主要行业之一，在国家节能减排战略实施中居于重要地位。这个双重地位对于物流行业来说，既是机遇又是挑战。在此背景下，"低碳物流"应运而生，它顺应低碳经济的时代要求，作为应对社会能源消耗严重、全球气候变暖最有效的物流发展方式，作为实现可持续发展的物流运营模式，受到了国家、政府和行业的广泛关注，也成为目前学术界研究的热点话题。

为了客观掌握区域低碳物流能力，提升我国低碳物流业在低碳经济下的竞争力，本书选取闽浙粤东南沿海三省为研究对象，在借鉴和吸收国内外低碳物流管理基本理论和最新研究成果的基础上，以区域低碳物流能力和区域低碳物流绩效这两个概念为出发点，密切结合闽浙粤地区低碳物流发展状况与实践探索，对闽浙粤地区低碳物流发展展开了实证分析，并提出有针对性的发展战略和建议，以期发挥闽浙粤三省对其他省市的引领和示范效应，推动我国低碳物流业健康有序发展。

本书共分为八章。第一章主要介绍低碳物流的研究背景和意义、研究内容及技术路线、主要创新点与不足；第二章梳理国内外低碳物流研究现状并进行综述，在此基础上，提出本书的研究内容和思路；第三章涵盖低碳物流相关概念和低碳物流相关理论两方面的内容；第四章全面介绍闽浙粤地区低碳物流发展现状，为低碳物流能力综合分析和绩效评估提供理论基础；第五章是本书的重点之一，着重分析闽浙粤低碳物流能力，其实证分析结果能帮助闽浙粤充分认清自身低碳物流能力的优势，找准发展短板；第六章是本书的另一个重点，构建低碳物流绩效评估指标体系，并针对闽浙粤低碳物流绩效开展综合评估；第七、八两章是第四章至第六章内容的延续，基于前面第四章—第六章的理论和实证分析，提出闽浙粤低碳物流健康有序发展的战略和对策建议，进而梳理和总结全书的主要观点和研究结论，并指出本书研究存在的局限以及进一步研究的方向，最后对闽浙粤三省低碳物流未来发展将呈现的新特点、新趋势、新模式进行了展望。

本书在编写过程中，参阅了大量专家、学者的有关著作、论文，引用了其中的相关概念和观点，已尽可能在参考文献中列出，通过互联网学习并借鉴了相关报道资料，在此表示衷心的感谢！由于笔者学术水平和实践知识有限，书中难免会有疏漏之处，敬请广大读者、学术界同人批评指正。

目　录

第一章

绪 论

第 1 节 研究背景和意义

1. 研究背景

随着全球人口数量的上升和经济规模的不断增长，化石能源等常规能源的长期大量使用造成的环境问题及后果不断地为人们所认识。近年来，"三废"污染、光化学烟雾和雾霾日益严重，大气中的二氧化碳浓度升高以及全球气候变暖已经成为全球面临的重大问题。引发该重大问题的根本原因，在于对大自然的过度开发和破坏、不健康的生产生活方式、常规能源的大量使用等。在此背景下，"低碳经济""低碳消费""低碳城市"和"低碳发展"等一系列新概念应运而生，以"低能耗、低污染、低排放"为基础的低碳经济发展模式受到全世界的广泛推崇。2003 年，英国在能源白皮书《我们能源的未来——创建低碳经济》中，正式提出实现低碳经济是英国能源战略的首要目标。2004 年 9 月 30 日，俄罗斯政府通过了《京都议定书》的法律草案，经过十多年的推动和实践运作，该法律草案现如今成为全球碳减排行动具有约束效力的国际法律。发达国家积极主动履行《京都议定书》，并率先发展低碳经济，并向全球倡议：各国要将减少碳排放，将实现节能减排的理念贯穿到经济社会发展和人民生活的方方面面。越来越多的国家也逐渐开始重视发展低碳经济的重要意义，纷纷加入"低碳发展"大军，如巴西大力发展乙醇燃料，2003—2019 年，巴西通过消费乙醇减少了 6.03 亿吨二氧化碳排放。现在巴西的可再生能源占能源消费总量的比例已高达 45.3%，作为发展中国家，这无疑是一个绿色奇迹。而印度则重点推广可再生能源项目，新建太阳能和风电项目，计划到 2022 年可再生能源装机量达 175GW。随着全球范围内碳减排事业的蓬勃发展，低碳管理办法与技术手段都以较高的速度在进步，其所带来的碳排放总量的减少也在一定程度上缓解了全球气候危机。

我国也积极响应时代的号召，结合我国国情制订了一系列节能减排的措施，并且取得了令人满意的成果。"十二五"时期单位 GDP（国内生产总值）能耗降低 18.4%、二氧化碳排放强度消减 20% 以上，超额完成节能减排预定目标任务[1]。2017 年国务院印发《"十三五"节能减排综合工作方案》，方案提出到 2020 年我国单位 GDP 的二氧化碳排放量比 2005 年下降 40% ～ 45% 的行动目标。2019 年的《"十三五"以来中国企业节能减排状况调查报告》显示，九成企业完成节能减排预定目标[2]。随着"一带一路"能源合作倡议的落实，我国电气节能、新型能源等技术得到了广泛重视和传播，并在节能减排上取得了不错的成绩，我国在全球能源事务中的影响力和话语权也在逐步提高。2020 年 12 月国家主席习近平在气候雄心峰会上通过视频发表题为"继往开来，开启全球应对气候变化新征程"的重要讲话，提出中国将提高国家自主贡献力度，采取更加有力的政策和措施，力争 2030 年前二氧化碳排放达到峰值，2060 年前实现碳中和，并进一步宣布到 2030 年，中国单位国内生产总值二氧化碳排放将比 2005 年下降 65% 以上，非化石能源占一次能源消费比重将达到 25% 左右[3]。习近平表示，中国历来重信守诺，将以新发展理念为引领，在推动高质量发展中促进经济社会发展全面绿色转型，脚

---

[1] 马丁. 低碳物流影响因素及绩效评价研究 [D]. 西安：西安工程大学，2018.

[2] 国务院. 国务院关于印发"十三五"节能减排综合工作方案的通知 [EB/OL]. http://www.gov.cn/zhengce/content/2017-01/05/content_5156789.htm，2017-01-05.

[3] 习近平. 继往开来，开启全球应对气候变化新征程的重要讲话 [N]. 人民日报，2020-12-13（02 版）.

踏实地落实上述目标，为全球应对气候变化做出更大贡献。

物流业作为我国十大重点产业之一，涉及领域广，在促进产业结构调整、转变经济发展方式和增强国民经济竞争力等方面发挥着重要作用，然而接踵而至的是物流业的碳排放量占全国碳排放量的比重也在逐年上升，因此该行业有义务有空间也有能力在发展低碳经济中有所作为[1]。因此，对物流业而言，"低碳"将是一个新的发展机遇，同时也是物流企业所应肩负的责任。在此背景下，低碳物流应运而生，并受到世人的广泛关注。

闽浙粤作为东南沿海发达省份，拥有得天独厚的区位优势和完善的现代交通运输体系。物流业作为闽浙粤三省的重要支柱产业之一，近年来发展提速，规模和效率进一步提升，活力进一步增强，环境逐步改善。以浙江省为例，浙江省社会物流总额由 2013 年的 13.93 万亿元达到 2019 年的 17.93 万亿元，增长 28.7%[2]；据国家邮政局、中商产业研究院整理的数据显示，2019 年中国 31 个省、自治区、直辖市（不含港澳台地区）快递业务量排行榜单中，快递量排名前十的省市依次为广东、浙江、江苏、上海、山东、福建、河北、北京、河南、四川。广东、浙江、福建快递业务量同比增长分别为 29.7%、31.2%、23.8%[3]。然而，物流业快速发展的同时，物流业碳排放量在全社会碳排放总量中的比重一直居高不下（近年来一直处在 18% 左右）。物流业能源消耗和二氧化碳排放处于双高状态，"高投入、高消耗、低产出"的现象较为突出，由此可见我国物流业的健康有序发展仍面临着严峻的节能减排形势。推进低碳物流业的快速发展，对于企业而言是一种可持续的长期战略，随着时间的推移，低碳物流管理体系与方法也将日益成熟，为企业所

---

① 周容霞，安增军.基于模糊物元法的海西区域低碳物流能力综合评价实证研究［J］.福建江夏学院学报，2015（1）：28-35.

② 数据来源：浙江省统计局发布的 2020 年浙江省统计年鉴.

③ 数据来源：中商产业研究院发布的《2020—2025 年中国快递市场前景及投资机会研究报告》.

接受的程度也会日渐加深，实施的程度也会随之提升，所带来的经济效益和环境效益也随之增加。

因此，在推进物流业"低碳革命"的进程中，闽浙粤更应率先做表率，结合闽浙粤践行低碳物流发展的现实问题加快向现代物流业转型升级，尽早完成"高碳"到"低碳"的转型，凸显物流业发展优势。

2．研究意义

基于以上背景，本书围绕"闽浙粤地区低碳物流发展研究"这一选题展开研究。在论证低碳物流是我国物流业健康发展的必由之路的基础上，本书主要围绕两个环节展开：一是闽浙粤地区低碳物流能力综合分析。结合低碳物流相关理论和我国低碳物流发展的实情，借助 DEMATEL 方法从不同层面分析低碳物流能力的影响因素，进而构建低碳物流发展能力评价的综合指标体系，并借助模糊物元法对闽浙粤地区的低碳物流发展能力进行综合评价，评价分析的结果能够帮助闽浙粤各省各级政府部门或行业主管部门明确自身低碳物流发展现状和存在的问题，从而能够积极主动地发挥政府和行业在低碳物流发展中的导向作用，以"低能耗、低污染、低排放"为根本出发点，因地制宜多出台有利于低碳物流发展的政策法规，推动政府、行业、企业、社会公众多元共促良好局面的形成，通过发扬优势，弥补劣势，抓住机会，规避威胁，推动闽浙粤地区物流业绿色低碳高质量发展。二是闽浙粤地区低碳物流绩效综合评估。从节能减排重点关注行业入手，构建生产制造业低碳物流绩效综合评价指标体系，借助神经网络构建低碳物流绩效的模糊评价模型，对闽浙粤地区钢铁业代表性企业开展实证研究，并从提高整体经济绩效、整体运营绩效和低碳环保绩效三方面提出了对策建议。开展低碳物流能力综合分析和低碳物流绩效综合评估，两环节紧紧相扣，宏观微观相结合，形成良性循环，能为低碳物流的长远发展提供一定的指导和评判依据。总体而言，围绕东南沿海闽浙粤三省低碳物流能力和绩效开展深入研究，探究低碳物流在发展中所存在的具体问题，有针对性地提出战略和对策建议，既具备一定的理论拓展方面的意义，也有现实方面实际操作的意义。

理论意义主要在于顺应世界范围内发展低碳经济的大趋势，倡导低碳物流不仅仅在于让企业履行社会责任、承担应尽的节能减排义务，还能够以加强其可持续发展能力的方式来提升企业的市场竞争力。区域低碳物流能力的综合分析以及具体钢铁企业低碳物流绩效案例分析，一方面可以促进行业层面低碳理论的发展，对区域低碳物流能力提高和钢铁企业低碳物流绩效改善有所帮助；另一方面，在实例分析的过程中，同时会涉及其他相关的多学科，拓宽低碳经济发展的道路。

现实意义主要在于，通过实证分析一方面可以为相关行业企业乃至政府部门了解低碳物流整体运行情况提供视角与依据，分析从低碳物流角度提升企业经济效益，为企业提升自身竞争力开拓新途径；另一方面有助于企业从低碳物流能力和低碳绩效影响因素的角度来及时地采取应对措施，从根本上改进行业低碳管理的战略。同时，本研究不仅为钢铁行业自身提高低碳物流管理绩效提供了重要的理论支撑，同时也对其他行业相关领域有着重要的参考价值。

第 2 节　研究内容及技术路线

本书以促进闽浙粤地区低碳物流健康长远发展为研究目的，在对国内外相关文献、网络资料、各省历年统计年鉴进行整理、分析、研究和总结的基础上建立写作思路。本书首先从全球积极呼吁加强节能减排的时代背景出发，结合低碳经济理论、可持续发展理论、循环经济理论和生态经济学理论，论证低碳物流是我国物流业健康发展的必由之路；其次系统地对闽浙粤物流发展现状、低碳物流发展模式、低碳物流发展举措和成效等进行详细分析，剖析得出低碳物流发展存在的问题；再次借助频度统计法、德尔菲法、DEMATEL 法等方法科学、系统、可行地选择并构建开展低碳物流研究所需的评价指标和评价体系，进而建立实证分析模型；然后借助构建的模型对闽浙粤地区低碳物流能力和低碳物流绩效展开实证分析；最后围绕提升低碳物流能力和低碳物流绩效从政府、行业、企业、公民等层面多角度提出发展战略和对策建议。

本书由八个部分内容组成：

第一部分，绪论。阐述本书的研究背景及意义、研究内容和技术路线、研究方法、主要创新与不足等。

第二部分，文献综述。梳理国内外相关研究成果，并对现有研究成果进行总结、评价和改进，进一步论证本书选题的理论和现实意义。

第三部分，相关理论基础。概括区域物流、城市物流、绿色物流、低碳物流的概念和特点，阐述低碳经济理论、可持续发展理论、循环经济理论、生态经济学理论，并围绕综合评价的流程和方法展开论述，比较综合评价方法的优劣，为后文闽浙粤地区低碳物流发展能力和低碳物流绩效综合评价方法的选择和运用做好铺垫。

第四部分，闽浙粤地区低碳物流发展现状分析。通过闽浙粤地区统计局发布的历年统计年鉴、相关研究文献以及网络资料获得闽浙粤地区的物流业发展现状、低碳物流政策和举措、低碳物流发展模式的相关材料，经整理、对比分析掌握闽浙粤三省低碳物流发展现状，并针对闽浙粤地区低碳物流发展开展 SWOT 分析，为后文闽浙粤三省低碳物流发展能力和绩效评估提供翔实的基础。

第五部分，闽浙粤地区低碳物流能力综合分析。邀请业内专家共计 15 名，组建区域低碳物流能力综合分析小组，借助 DEMATEL 方法对区域低碳物流发展能力的影响因素进行分析和筛选，最终确定低碳物流能力的关键影响因素（低碳物流实力条件、低碳物流发展潜力、物流业低碳水平），进而构建低碳物流能力综合评价指标体系，借助模糊物元法构建闽浙粤低碳物流能力综合评价模型并针对闽浙粤开展实证分析。实证结果输出有助于各省明确自身低碳物流能力的优势和薄弱环节，为制定低碳物流发展政策和开展低碳物流能力提升实践提供有价值的参考。

第六部分，闽浙粤地区低碳物流绩效综合评估。邀请业内理论和实践专家筛选得出区域低碳物流绩效综合评估指标体系，借助 BP 神经网络构建区域低碳物流绩效综合评估模型，并对闽浙粤地区低碳物流绩效展开综合评估，验证基于神经网络的模糊综合评价模型的可行性。神经网络结果的输出能客观反映闽浙粤三省低碳物流发展运营的绩效，通过对低碳物流绩效的分析，能帮助闽浙粤三省总结低碳物流发展运营中的经验和教训，扬长避短，更有利于促进低碳物流长远健康发展。

第七部分，闽浙粤地区低碳物流发展战略和建议。闽浙粤地区低碳物流发展需要闽浙粤三省各级政府、行业、企业和公民多方协同推进。针对上文的分析，提出闽浙粤地区低碳物流总体发展定位和发展战略，并从增强软硬件实力，提高低碳物流竞争力、提高运营效率，提升低碳物流经济效益、构建低碳物流体系，实现全程低碳运作、建立低碳物流区域联盟，力促低碳物流协同发展等方面提出闽浙粤地区低碳物流发展的相关对策与建议。

第八部分，研究结论与未来展望。全方位梳理和总结全书的主要观点和研究结论，并指出本书研究存在的局限以及进一步研究的方向，最后对闽浙粤三省低碳物流未来发展将呈现的新特点、新趋势、新模式进行了展望。

本书的研究思路如图 1-1 所示：

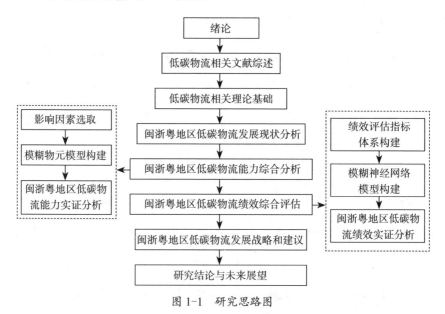

图 1-1　研究思路图

第 3 节　研究方法

1．文献研究法

文献研究法是科学研究的重要方法，借助文献研究法对已有文献进行整理和分析能为本书的研究提供参考和理论基础。依据本书的研究对象和研究目的，通过查阅文献资料、国家和各省统计部门公布的权威数据来获取资料，分析得出低碳物流能力和低碳物流绩效的影响因素，并获取闽浙粤三省低碳物流发展政策、实践举措等相关内容，为本书奠定了坚实的理论与现实基础。

2．规范研究与实证研究相结合

基于全球呼吁发展低碳经济的时代背景，从物流业在国民经济发展和低碳减排中的地位论证了发展低碳物流的紧迫性；从低碳物流能力、低碳物流绩效的影响因素出发，构建低碳物流能力和低碳物流绩效的综合评价指标体系，并对闽浙粤地区低碳物流发展实情展开实证研究。通过规范研究和实证研究的融合，本书对闽浙粤三省的低碳物流发展问题开展了深入的研究和探讨，整个研究过程实现了理论与实践相结合，归纳与演绎相结合。

3．定性与定量分析相结合

在研读相关文献的基础上，结合企业调查和专家咨询的结果，借助频度统计法、德尔菲法、DEMATEL 法等对影响低碳物流能力和运营绩效的各因素进行了多次筛选，最终确定评价指标并建立评价指标体系；结合闽浙粤低碳物流发展实情深入分析闽浙粤三省低碳物流发展模式、解读低碳物流发展政策和举措，分析闽浙粤三省低碳物流发展现状，运用 SWOT 法剖析闽浙粤地区低碳物流发展存在的优势、劣势、机会和威胁。运用模糊物元法、BP 神经网络分别构建低碳物流能力和低碳运营绩效的模糊综合评价模型并开展实证分析。定性和定量方法的结合，使得定性研究为定量研究提供理论依据，定量研究对定性研究进行补充和强化。

4．宏微观相结合分析方法

闽浙粤地区低碳物流发展需要政府、产业、企业、协会、公民等多方联动形成合力，通过宏观政策和微观措施的双管齐下，确保低碳物流获得健康长远的发展。

第 4 节 主要创新与不足

1．主要创新

相比西方发达国家，我国物流业建设起步晚，在近些年才逐渐重视对区域低碳物流的研究，而且现有文献对区域低碳物流的研究多集中于理论层面，且研究范围常局限于某个具体省份，本书研究的主要创新点在于：

（1）研究视角的创新。国外现有的以低碳为背景的研究主要集中在碳税政策的制定与执行、低碳理论对国家宏观经济的影响等宏观层面，在企业层面主要集中在单个企业的决策研究，且以定性研究为主。国内以低碳经济为视角，从宏微观两个层面研究区域低碳物流发展的研究并不多见，尤其是深入探讨区域低碳物流能力和绩效、开展定量研究的成果少之又少。本书从物流业的低碳视角，完整揭示区域低碳物流发展现状，科学合理构建区域低碳物流发展能力和运营绩效综合评估模型，通过模型输出提出有针对性的发展战略和对策建议。

（2）研究方法的创新。充分考虑现代各种综合评价方法的特点，为确保评价结果的客观准确，在指标选取和权重确定方面，将专家咨询法、DEMATEL 方法与频度统计法进行综合，运用模糊物元法、BP 神经网络开展模糊综合评估，并将定性和定量分析相结合，既考虑通用性也考虑实用性。

2．研究的不足之处

本书结合低碳经济、可持续发展、生态经济和绿色技术的思想，充分考虑低碳物流环境、低碳物流实力、低碳物流发展潜力、物流业低碳水平对区域低碳物流能力的影响，构建低碳物流能力综合分析模型和低碳物流运营绩效综合评估模型，针对闽浙粤地区开展实证分析，根据实证分析结果得出结论并提出相应的对策和建议。尽管本书得到了一些具有实际意义的结论，取得了一定的成果，但因各方面条件的限制，在研究方面还存在以下不足：

（1）区域低碳物流的研究是一项复杂的系统工程，发展区域低碳物流涉及物流网络布局、路径优化、成本控制、低碳物流能力、低碳物流影响因素、低碳物流绩效评估等方面的研究。本书的研究局限于从低碳物流发展影响因素出发，重点研究区域低碳物流能力和低碳物流运营绩效两个方面。在后续的研究工作中，还可从物流网络布局、路径优化和成本控制等方面进行开展。

（2）指标选取方面。由于目前关于区域低碳物流能力综合分析和低碳物流绩效评价指标体系的构建研究较少，加之在采集相关行业企业数据上仍存在一定难度，可能导致所构建的评价指标体系尚不完备，需要根据企业实际情况进一步优化调整。

（3）目前关于物流产业的基础性经济统计资料严重缺乏，本书是以交通运输、仓储和邮政业的相关数据作为物流行业的代替值进行测量的。此外，由于国家、各省统计口径不一，会导致个别数据获取不到，只能通过间接推算来获得。由于二者之间不能完全对等，所以模型验算的结果会略微有些偏差。

（4）本书最后一章的战略和建议是根据闽浙粤低碳物流发展实情和模型验算的结果提出的，在数据采集上只采集了十年的数据，因此所提出的对策建议也只是阶段性的。此外，受时间限制和行业企业数据采集困难的限制，目前只针对钢铁行业低碳物流绩效进行综合评估，在后续的研究中，会逐步将闽浙粤地区的其他高碳高能耗产业纳入进来。

本章小结

本章主要阐述了本书选题的研究背景，通过研究背景的分析，论证选题的理论和现实意义，进而明确本书撰写的主体思路、主要内容和研究方法，客观地指出本书的主要创新点和不足之处。

第二章

文献综述

第1节　低碳物流的内涵及其发展研究

1．低碳物流内涵研究

低碳物流是由低碳经济理论衍生而来的新概念，低碳物流的兴起归根结底归功于低碳革命和哥本哈根环境大会对绿色环保的官方倡导。如今，低碳物流已成为世人关注的焦点。低碳物流作为低碳经济发展的重要组成部分，被视为推动低碳经济发展的重要路径之一，并引起学术界的广泛关注，加快了学者们对低碳经济内涵的探索及其应用情况的研究。但目前国内学术界以及各国在低碳物流的实践中，对低碳物流的概念界定尚未形成统一的认识。戴定一（2008）[①] 论证了物流和低碳经济两者之间的关系，首次提出物流行业也要走低碳发展之路。陶晶（2010）[②]、李蜀湘（2010）[③]、徐旭（2011）[④] 等学者围绕低碳物流的概念进行深入探讨，指出低碳物流主要是指借助先进的低碳物流技术和管理手段来减少物流作业环节和物流管理过程中的碳排放，以达到抑制物流活动对环境的污染，减少资源消耗，提高资源利用率的目的。王艳等（2010）[⑤] 认为我国低碳物流的发展，需要从宏微观两个层面来推动：宏观层面上，应大力倡导和普及低碳生活理念、完善相关物流制度和法规、加快低碳物流技术的研发和成果转化、不断提升物流资源整合有效

---

① 戴定一．物流与低碳经济［J］．中国物流与采购，2008（21）：24-25．

② 陶晶．低碳经济下的低碳物流探讨［J］．中国经贸导刊，2010（12）：72-73．

③ 李蜀湘，陆小成．中国低碳物流金融支持模型研究［J］．中国流通经济，2010，24（02）：27-30．

④ 徐旭．低碳物流的内涵、特征及发展模式［J］．商业研究，2011（04）：183-187．

⑤ 王艳，李作聚．浅谈低碳物流的内涵与实现途径［J］．2010（14）：32-33．

性；微观层面，应构建低碳物流运作体系，加快低碳设计、低碳采购、低碳仓储、低碳运输、低碳装卸和低碳包装的发展，实现全程低碳运作。胡玉莹（2011）[①]认为可以从构建低碳物流政策体系、优化低碳物流运行组织、加强技术与装备研发、完善认证与检测体系等方面着手加快我国低碳物流的发展。Huang Hua（2010）[②]从绿色物流的内涵和特征出发，对低碳物流的概念进行界定，指出低碳物流是一种能耗和污染"双低"的物流模式，其核心思想在于以最少碳排放量来实现最高的物流效率。岳馨（2010）[③]从可持续发展视角出发，将低碳物流定义为：通过低碳技术、管理制度、产业转型、新能源开发等多种措施，减少温室气体的排放，力争做到将物流活动对环境造成的负面影响降至最低，最终实现经济发展和环境保护双赢的局面。姜彤彤、吴修国（2011）[④]认为低碳物流是指在可持续发展理念指导下，利用先进低碳物流技术规划并实施低碳物流活动，在物流活动中通过减少能源消耗和温室气体排放，最终实现物流领域的低污染、低能耗、低排放，促进社会经济发展的同时注重保护生态环境。

本书将低碳物流界定为在物流活动中，通过先进的低碳技术和物流管理水平，提高资源利用率，减少能源消耗，同时实现系统效益最大化和二氧化碳排放量最小化。

---

① 胡玉莹. 我国低碳物流发展现状与对策分析［J］. 港口经济，2011（08）：39-42.

② Huang Hua.A Study of Developing Chinese Low Carbon Logistics in the New Railway Period［A］. International Conference of E‐Product E-Service and E-Entertainment (ICEEE)［C］.Henan：ICEEE, 2010：1-4.

③ 岳馨. 低碳经济下的低碳物流［J］. 中国商贸，2010（12）：101-102.

④ 姜彤彤，吴修国. 低碳物流探析［J］. 经济与管理，2011，25（07）：79-83.

2．低碳物流发展模式研究

李小娟（2013）[①] 在分析低碳物流系统功能要素、低碳物流系统运作模式的基础上，对我国低碳物流的发展模式进行深入分析，并针对加快低碳物流发展提出相关的解决方案。梁歌等（2011）[②] 等综合应用 QFD 基本方法，围绕低碳物流发展模式开展深入探讨，指出低碳物流发展模式分为 5 种类型，分别为源头低碳型、过程低碳型、产出低碳型、消费低碳型和全面低碳型。尚娅等（2010）[③] 剖析了我国热带特色农产品低碳物流发展存在的问题，进而有针对性地提出一种基于 RFID 技术的热带特色农产品低碳物流发展模式。朱培培、徐旭（2011）[④] 在梳理循环经济和低碳物流相关理论的基础上，对低碳物流发展模式进行了界定和划分，认为低碳物流发展模式可以分为物流活动的减量化模式、物流活动的循环化模式和物流活动的低碳化模式这 3 种模式。

3．低碳物流优化设计研究

在模型优化设计方面，Cachon（2009）[⑤] 探讨了商店与工厂的不同选址布局造成的碳排放量的不同，并给出了实现二氧化碳排放量最少的设施布

① 李小娟. 低碳经济时代我国低碳物流发展模式与对策研究［J］. 山东纺织经济, 2013（03）: 5-6.

② 梁歌, 张永, 鲍香台. 基于 QFD 的南京市道路货运低碳物流发展模式选择研究［J］. 物流技术, 2011, 32（21）: 35-37+41.

③ 尚娅, 曹琼英, 王玲玲, 等. 基于 RFID 的热带特色农产品低碳物流发展模式研究［J］. 安徽农业科学, 2010, 38（29）: 16660-16661+16664.

④ 朱培培, 徐旭 基于循环经济的低碳物流发展模式研究［J］. 生产力研究, 2011（02）: 13-14.

⑤ Cachon G.Carbon Footprint and the Management of Supply Chains［A］. The INFORMS Annual Meeting［C］.San Diego, 2009 : 123-128.

局。Namseok Kim 等（2009）[1]论证了在既定的多式联运网络下，货物运输成本和二氧化碳排放量之间的关系；分析表明运输系统需求和容纳能力是影响二氧化碳排放量的两个关键因素，通过开展多式联运可以有效减少二氧化碳排放量。杨光华（2013）[2]认为在完善低碳物流系统和实现物流低碳发展的要求方面，优化区域低碳物流网络能发挥巨大作用，进而构建了区域物流运输网络双层优化模型，通过网络变形和遗传算法对模型进行求解，最终验证该模型在优化区域运输网络方面的现实性和可行性。张建沼（2014）[3]在考虑碳排放的基础上，围绕物流配送成本和碳排放成本构建线性规划模型，利用遗传算法来优化三级物流网络，以实现在满足配送需求的前提下尽可能降低配送成本和碳排放量，并建议通过合理征收碳税和优化物流网络来减少碳排放。

4. 低碳物流实施与对策研究

Balan Sundarakani 等（2010）[4]对供应链中的碳排放足迹进行探究，并提出了减少供应链中碳排放的具体对策，建议将绿色供应链理论应用于实践中。Benjaafar S. 等（2010）[5]认为通过政府管理和速度优化可以有效控制运

---

① Nam Seok Kim, Milan Janic, Bert van Wee.Trade-Off between Carbon Dioxide Emissions and Logistics Costs Based on Multiobjective Optimization［J］.Transportation Research Record: Journal of the Transportation Research Board, 2009, 2139(1) : 107-116.

② 杨光华. 区域低碳物流运输网络双层优化研究［J］. 计算机工程与应用, 2013, 49（13）：25-261.

③ 张建沼. 基于遗传算法的低碳物流网络优化研究［J］. 物流技术, 2014, 33（23）：313-314.

④ Balan Sundarakani. Modeling Carbon Footprints Across the Supply Chain［J］. International Journal of Production Economics, 2010, 128（1）：43-50.

⑤ Benjaafar S, Li Y, Daskin M. Carbon Footprint and the Management of Supply Chains：Insights From Simple Models［J］.IEEE Transactions on Automation Science and Engineering, 2013, 10（1）：99-116.

输过程中产生的碳排放量，此外通过技术手段可以减少接近20%的二氧化碳排放量。任稚苑（2010）[①]通过对影响我国低碳物流发展的诸多要素进行分析，确定核心要素，建议要重视我国低碳物流发展的核心要素，研发和推广各种低碳物流技术，加快推进低碳运输业和低碳仓储的建设进程。罗凌妍（2014）[②]从政府、行业、公众三个角度提出加快低碳物流发展的对策建议：政府要加快完善低碳物流相关政策法规和碳市场体系；物流行业要加快低碳物流技术的研发和推广应用，形成强有力的技术支撑；低碳物流教育应逐步有效开展，提高低碳物流人才的数量和质量；低碳物流的宣传和教育要持续进行，普遍提高公众的低碳物流意识。郝汝燕（2014）[③]用交叉影响矩阵相乘法对影响汽车制造业低碳物流发展的因素进行分析和研究，提出加快汽车制造业物流低碳发展的对策。

① 任稚苑. 试论中国如何通过发展低碳经济带动低碳物流［J］. 中国集体经济，2010（16）. 107-108.

② 罗凌妍. 低碳物流发展现状及对策研究［J］. 环境科学与管理，2014，39（05）. 163-166.

③ 郝汝燕. 汽车制造业低碳物流的影响因素及路径研究［D］. 北京：北京交通大学，2014.

第 2 节　低碳物流影响因素研究

国内外学者对低碳物流的研究，起初只集中在低碳物流概念、发展模式、特点等领域。随着研究的不断深入，在低碳物流影响因素这一领域也展开了具体的研究。低碳物流影响因素的研究对推动低碳物流的发展至关重要。各国学者主要从宏观机制层面和微观企业层面进行深入研究。

1．宏观机制角度研究

刘伟力、刘冰露（2011）[①]认为发展低碳物流不仅需要构建完善的低碳物流体系，政府部门也应当通过法律、政策等手段来规制物流管理活动。周戈文（2010）[②]分析了阻碍我国物流变革和低碳物流发展的不利因素，并建议对物流进行全面而细致的统筹规划和运营监管。张晓雨、杜晓丽等（2016）[③]分析了我国公路低碳物流的发展现状，并构建 ISM 模型分析得出公路低碳物流发展的直接影响因素和根本影响因素。彭先玉、孙家兴（2016）[④]从宏观层面分析低碳物流发展的影响因素，主要包括现代物流产业结构、现代物流管理技术和物流管理信息化建设水平。周德建（2010）[⑤]建议通过"精细化管

① 刘伟力，刘冰露. 论低碳经济背景下低碳物流的政府规制［C］. 沈阳：第二届东北亚物流工程与现代服务业发展专题学术研讨会，2011：80-90.

② 周戈文. 发展中国化低碳物流的五大问题［J］. 经营管理者，2010（7）：385-386.

③ 张晓雨，杜晓丽，于丽. 公路低碳物流发展影响因素分析［J］. 河北企业，2016（5）：75-76.

④ 彭先玉，孙家兴. 低碳经济背景下低碳物流发展策略分析［J］. 经营管理者，2016（8）：34-36.

⑤ 周德建. 低碳经济下的低碳物流［J］. 中国商贸，2010（06）：101-102.

理"有效推动低碳物流的发展，强调要从明确管理职责、强化自主管理以及完善管理机制三方面入手，建立一套科学规范、操作性强的管理体系。居加旭（2018）[①]建议大力推进节能技术进步和节能方式创新，引导和鼓励物流企业进行低碳技术开发和应用、设备改造升级、技术创新和进步，加快低碳物流的发展。刘书洋（2011）[②]认为加快发展我国低碳物流业，不但要建立健全低碳物流导向体系，还要制定行业管理体系、加快建设相关基础设施等。Alan G.Woodburn（2004）[③]通过构建解释结构模型对影响铁路低碳物流发展的因素进行层次化分析处理，从而确定表层、中层和深层的影响因素。甘卫华等（2013）[④]采用 LMDI 分解技术，建立我国物流业人均碳排放的因素分解模型，对影响中国物流业碳排放的诸多因素进行分析，得出经济增长是拉动物流业碳排放增长最主要的动力。

2．微观企业角度研究

Levans、Michale A（2012）[⑤]认为企业自动化水平企业是影响企业低碳物流发展的主要因素，并通过实证分析论证自动化水平对低碳物流的影响进而提出具体的改进措施。B Mccrea（2006）[⑥]阐述了先进的技术在全球低碳物流发展中的重要地位，指出运用先进的技术手段提升低碳物流发展速度的可行

---

① 居加旭.回应视角下我国低碳物流发展对策研究［D］.南昌：华东交通大学，2018.

② 刘书洋.西部地区发展低碳经济与生态文明建设的探讨［D］.昆明：昆明理工大学，2011.

③ Alan G.Woodburn. A logistical perspective on the potential for modal shift of freight from road to rail in Great Britain［J］. International Journal of Transport Management, 2004, 1（4）：237-245.

④ 甘卫华，吴玮.铁路物流服务绩效评价研究［J］.铁道运输与经济，2013，35（10）.60-64.

⑤ Levans, Michale A. How automation is changing logistics［J］. Logistics Management, 2012, 51（6）：98-100.

⑥ Mccrea B. How technology can demystify global logistics［J］. Supply Chain Management Review, 2006（01）.

性做法。甘慧春（2013）[①]采用主成分分析法对江苏省物流企业低碳化运营的影响因素进行分析，最终确定物流企业能源效率、物流企业发展水平和物流需求为主要影响因素，进而提出物流企业低碳化运行的路径和对策。李健生、夏春玉（2005）[②]提出可通过包装、运输、存储、装卸、流通加工等物流活动的实施和先进低碳物流技术的应用，来实现需求和供给主体之间的无缝连接。

3．微观和宏观综合角度研究

李东晖（2010）[③]分析了我国物流业在低碳经济中存在的问题，并从宏观和微观两个层面分析物流低碳化遇到的难题，提出了系统性的调整方案。钟新周（2012）[④]认为影响低碳物流发展的因素主要有低碳物流的政策环境，低碳物流的理论研究和人才培养，物流信息水平和标准化管理体系，企业低碳物流理念以及企业之间的交流合作等。李亚杰（2012）[⑤]指出从主体方面来看，政府、企业、行业协会的重要性依次减弱；从发展低碳物流的影响因素来看，其重要程度依次为低碳物流政策法规、替代能源应用水平、低碳信息技术水平、物流资源整合、节能型公路运输装备、低碳意识、低碳物流人才等。

① 甘慧春. 江苏省物流企业低碳化运营的影响因素分析［D］. 南昌：江西财经大学，2013.

② 李健生，夏春玉. 绿色物流［M］. 北京：中国物资出版社，2005.

③ 李东晖. 我国低碳物流存在的问题、成因及对策分析［J］. 商业文化（下半月），2010（7）：329-330.

④ 钟新周. 发展低碳物流影响因素及对策［J］. 改革与战略，2012，28（1）：49-50.

⑤ 李亚杰. 公路物流低碳发展的关键影响因素分析及推进策略研究［D］. 郑州：郑州大学，2012.

第3节　低碳物流能力相关研究

国内外关于物流能力方面积累的成果较多。国外学者对物流能力的研究起步较早，但侧重于为企业提供具体的优化策略，对于区域层面的物流能力研究涉及甚少。国内学术界由于长期受计划经济的影响，更重视对物流开展宏观层面的研究，对区域物流能力的研究无论在研究方向还是文献数量上都超过了国外。

总体而言，研究领域主要集中在以下几个方面：

一是物流能力的内涵及界定。Daughery、Pittman（1995）[①] 从资源的角度出发，最早提出物流能力是一个企业资源的重要组成部分，通过对物流能力的合理开发和利用能有效提高企业效率和效益。Bowersox、Closs（2002）[②] 将物流能力定义为企业是否具备能力以最低的物流成本给客户群体提供最具竞争优势的物流服务，特别强调企业是否主动利用物流能力去获得竞争优势直接影响了物流运作效率。Joong Kun（2001）[③]、Lai Kechung（2004）[④] 从物流系统角度出发，提出物流能力是指物流主体通过物流载体来完成物流客体

[①]　Daughery P J, Pittman P H. Utilization of time-based strategies: creating distribution flexibility responsiveness［J］. International Journal of Operation & Production Management, 1995, 15（2）: 54-60.

[②]　Donald J. Bowersox, David J. Closs. Logistics Management: The Integrate Supply Chain Process［M］. New York: McGraw-Hill Companies, 2002.

[③]　Joong Kun. Firm Performance in the E-commerce Market: the Role of Logistics Capabilities And Logistics Out sourcing［D］. Thesis: University of Arkansas, 2001.

[④]　Lai Keehung. Service Capability and Performance of Logistics Service Providers［J］. Transportation Research Part E, 2004（40）: 385-399.

的能力，是通过物料搬运、运输存储、流通加工、商品包装、信息处理等活动的有效衔接和协同来实现的。Waters（2003）[①]从供应链的角度出发，提出物流能力是指在限定时间内通过供应链的最大物料流量。供应链中每部分的容量都有所差异，根据木桶原理可知，真正决定整条供应链容量的是容量最小的部分，而该部分是整条供应链的瓶颈。

二是低碳物流能力的要素。1995年，美国密歇根州立大学全球物流研究团队对物流能力进行了研究，指出配置能力、一体化能力、敏捷能力和衡量能力是物流能力的4个要素[②]。Clinton、Closs（1997）[③]经过研究发现信息技术在增加物流能力的同时能够减少物流成本，从宏观层面提出建立物流能力体系需着重考虑的5个要素，但仍难以满足对供应链物流能力全面衡量的需要。Ellinger A E（2000）[④]围绕客户的响应速度、质量的稳定性、递送的准时性、客户服务水平及延迟或者短缺的提前通知这5个指标来对物流能力进行分析，并将这5个指标与企业绩效相联系。

三是低碳物流能力指标体系构建。赵英姝（2009）[⑤]在分析区域物流能力内涵的基础上，从区域内部物流系统和外部环境发展潜力两方面构建了层次结构较为清晰的区域物流能力测算指标体系。张广胜（2013）[⑥]从我国区域物流发展的现状和现实特征出发，基于经济环境、供需机制、发展水平和

---

① Donald Waters. Logistics: An Introduction to Supply Chain Management［M］. New York: Palgrave Maclillan, 2003.

② Michigan State university global logistics research team.world class logistic：the challenge of management continuous change［J］.Oakbrook, IL: Council of logistics management, 1995.

③ Clinton S, Closs D. Logistics strategy: Does it exist?［J］. Journal of Business Logistics, 1997, 18（1）：19-44.

④ Ellinger A E. Improving marketing logistics cross-functional collaboration in the supply chain［J］. Industrial Marketing Management, 2000, 29（1）：1-12.

⑤ 赵英姝. 我国区域物流能力评价指标体系构建研究［J］. 特区经济, 2009（08）：301-302.

⑥ 张广胜. 区域物流能力发展差异研究［J］. 价格月刊, 2013（11）：8-11.

发展潜力 4 个维度，选取 24 个指标，构建区域物流能力评价体系，并对物流能力进行综合评价。

四是物流能力评价。国内学者借助层次分析法、因子分析法、聚类分析法等多种分析方法，对各地区物流能力进行评价。周泰等（2009）[①]基于灰色系统理论构建了区域物流能力和产业经济的灰色控制系统，围绕物流能力关键要素对区域经济的影响力进行研究和预测。田华杰、杨蕾（2010）[②]选取人均 GDP、社会消费品零售总额、居民人均纯收入、公路货运量、人才资源量等 9 个指标来综合反映区域物流能力，借助因子分析法对冀东、冀中南、环京津经济区的区域物流能力进行测算分析，得到了河北省各市区域物流能力的排名情况。高新才、丁绪辉等（2014）[③]等从经济基础、物流设施和发展水平三要素构建了物流能力评价指标体系，并构建模糊物元模型，从时间、空间两个维度上对西北五省区的物流能力进行动态分析。

尽管近年来关于区域物流能力的研究在广度和深度上均存在很大改进，但关于区域低碳物流能力的研究仍然寥寥无几。李丽（2013）[④]以京津冀地区为研究对象，依据低碳物流的内涵，采取定性与定量相结合的方法从 4 个层面设置低碳物流能力评价指标，并采用模糊物元法对京津冀地区的低碳物流能力进行实证分析。周容霞、安增军（2015）[⑤]综合分析了影响区域低碳物流

---

① 周泰，王亚玲，叶怀珍. 区域物流能力与产业经济的灰色控制系统［J］. 武汉理工大学学报，2009，31（19）：168-172.

② 田华杰，杨蕾. 基于因子分析法的区域物流能力评价——以河北省为例［J］. 商业时代，2010（36）：125-126.

③ 高新才，丁绪辉，高新雨. 基于模糊物元方法的西北五省区物流能力评价研究［J］. 新疆社会科学，2014（01）：31-37+159.

④ 李丽. 京津冀低碳物流能力评价指标体系构建——基于模糊物元法的研究［J］. 现代财经（天津财经大学学报），2013，33（02）：72-81.

⑤ 周容霞，安增军. 基于模糊物元法的海西区域低碳物流能力评价实证研究［J］. 福建江夏学院学报，2015，5（01）：28-35.

能力的内外部因素，围绕低碳物流环境条件、发展实力、发展潜力和发展水平4个维度筛选指标来构建评价指标体系，运用模糊物元法对海西地区的低碳物流能力进行评价。李玉民、刘旻哲等（2015）[①] 从低碳物流竞争环境、服务能力及发展水平3个方面来构建指标体系，通过投影寻踪法对区域物流低碳竞争力指数以及各指标对区域物流低碳竞争力的影响进行测度。

[①] 李玉民，刘旻哲，郭利利. 基于投影寻踪法的区域物流低碳竞争力评价及实证研究 [J]. 地域研究与开发，2015，34（02）：28-33.

第 4 节　低碳物流绩效评估研究

国内外学者从不同的研究侧重点出发，运用不同方法构建低碳物流绩效评估的实证分析模型，对低碳物流绩效评价进行了探索和研究。

1. 侧重于"碳排放"的绩效评价研究

Saif Benjaafar 等（2014）[1]将碳排放的概念融合到采购、生产和库存管理的经营决策中，并进一步分析在不采用碳减排技术的情况下，通过运行调整所带来的碳减排效果。Sundarakani B 等[2]研究了整个物流活动中碳排放的足迹，并提出了减少物流活动中碳排放的有效途径。田建华（2008）[3]分析了我国交通部门不同运输方式不同燃料的能源消费量，建立了并联型灰色神经网络预测模型，对 2020 年我国交通部门能源消费量和环境排放量进行了预测分析。高凤凤（2016）[4]围绕物流产业能源消耗、碳排放量、碳生产率、人均碳排放、经济效率指数以及碳排放效率来探讨我国低碳物流发展水平，建立耦合协调发展模型，测算我国 30 个省份近年来物流产业与低碳经济耦合协调发展状况，并根据测算结果提出推进我国低碳物流发展的策略。

---

[1]　Saif Benjaafar, Martin Savelsbergh. Carbon-aware transport and logistic［J］. EURO Tournal on Transportatien and hogisties, https://www.journals.elsevier.com/euro-journal-on-transportation-and-logistics, 2014（06）:1-3.

[2]　Balan Sundarakani, Robertde Souza. Modeling Carbon Footprints across the Supply Chain［J］. Production Economics, 2010（13）:43-50.

[3]　田建华. 中国交通部门能源消费与环境排放预测［D］. 大连：大连理工大学，2008.

[4]　高凤凤. 我国物流产业与低碳经济协调发展研究［D］. 天津：天津理工大学，2016.

2. 侧重于"物流效益"的绩效评价研究

李丽(2013)[①]重点设计了低碳物流评价指标体系,通过实证分析得出京津冀地区的低碳物流能力呈逐年提高趋势的结论。张修洋(2016)[②]从物流活动角度构建了低碳物流系统,并对各子系统进行细分,对于开展物流企业低碳水平评价具有一定的指导和借鉴意义。牛晨(2012)[③]根据连锁零售企业物流配送特征构建了物流配送体系低碳度评价模型。夏文汇(2010)[④]基于低碳环境视角建立 VRP 模型,通过系统仿真案例分析论证 VRP 模型的可行性。肖燕等(2011)[⑤]提出基于低碳物流的 SLP 改进方法,使工厂物流状况大大改善,低碳物流的综合效率得以大幅度提高。

① 李丽. 京津冀低碳物流能力评价指标体系构建——基于模糊物元法的研究 [J]. 天津财经大学学报,2013,33(02):72-81.

② 张修洋. 基于系统动力学的低碳物流系统构建与优化研究 [D]. 西安:长安大学,2016.

③ 牛晨. 连锁零售企业低碳物流配送体系构建与评价研究 [D]. 淄博:山东理工大学,2012.

④ 夏文汇. 基于低碳经济的钢铁生产物流配送模型研究 [J]. 重庆理工大学学报(社会科学版). 2010,24(10):47-54.

⑤ 肖燕,程云康,周康榘. 基于低碳物流的 SLP 法在工厂布局的应用 [J]. 重庆理工大学学报(自然科学版),2011,25(11):24-29.

第 5 节　研究评价

对国内低碳物流发展研究现状的回顾、分析后发现，国内外现有研究主要集中在低碳物流的内涵及其发展研究、低碳物流的影响因素、低碳物流能力、低碳物流绩效等领域。总的来说，目前国内低碳物流研究领域已经积累了较为丰富的研究成果，前期研究基础较为扎实，但仍需要进一步深入研究。在研究方法上，国外学者更偏向于理论研究，国内学者除了开展理论研究，还引入了必要的实证研究支持。在研究角度上，国内外学者的研究均从宏观向中观和微观层面延伸，应用研究正在逐渐深入。现针对上文提到的 4 个研究领域分别进行评析：

在低碳物流内涵方面，尽管概念表述不统一，但主要思想趋于一致，都强调发展低碳物流有利于提高资源利用率，减少能源消耗；在低碳物流发展研究方面，理论研究和宏观研究居多，案例研究和实证分析较少，研究的针对性不强。

在低碳物流的影响因素方面，在因素筛选上的运用方面比较单一和主观，只是通过理论或量化分析得出影响低碳物流发展的影响因素，没有进一步明确各个影响因素之间的因果关系和主次之分。

在低碳物流能力方面，对区域低碳物流能力仍未形成统一规范的定义；评价指标体系差异较大，没有形成完整全面的影响因素体系，将低碳物流相关指标纳入区域物流能力评价标准中的研究少之又少，且指标体系中的指标多以经济效益指标为主，较少有考虑低碳能力指标的，因此指标体系的构建往往缺乏系统性和深入性；具有实证性的定量研究文献相对较少，缺乏确切的统计方法和数据支持，对于研究方法的实用性和研究结果的可靠性有待商榷。在坚持可持续发展观，全球掀起低碳浪潮的今天，仅研究区域物流经济效益难以客观地反映区域物流的真实水平和发展潜力，把低碳物流指标纳入到区域物流能力中具有重要意义。

在低碳物流绩效方面，相关研究还不成熟，研究内容还比较分散。研究方法主要以定性分析为主，对低碳物流绩效的定量研究还处在起步和发展阶段，还存在不少有待于进一步补充和完善的方面，主要表现在低碳物流还没有形成系统的理论，低碳物流绩效评价缺乏统一的、标准的定义；对各种影响低碳物流有效运作的动力和障碍因素需要进一步探讨，对构建的低碳物流绩效评价指标体系有待进一步完善；现有的研究主要集中在宏观层面，微观层面的研究较少，微观层面即使有探讨低碳供应链物流绩效的，也仅停留在评价模型构建上，至于如何将低碳物流绩效评价模型进行广泛应用，指导相关行业企业进一步优化低碳物流整体运营状况却少有涉足。

总体而言，上述学者对低碳物流影响因素的研究值得学习和借鉴，为本书后续的研究提供了有价值的参考建议。低碳物流作为一门新兴的交叉学科，涵盖了环境学、经济学、管理学、物流学等多学科知识，研究低碳物流应当从多角度出发，采用不同学科的研究方法，进一步丰富低碳物流相关问题的研究方法和手段。

本章小结

本章主要通过对国内外大量有关低碳物流的文献进行整理分析，了解国内外低碳物流的主要研究领域和研究现状，并围绕低碳物流内涵及其发展研究、低碳物流发展模式研究、低碳物流影响因素研究、低碳物流能力和低碳物流绩效研究进行总结和文献评析，进而找到本书撰写的突破口，为后文概念模型的提出和写作思路的延伸奠定理论基础。

第三章

相关理论基础

第 1 节　研究概念的界定

1. 区域物流

区域物流是指全面支撑区域可持续发展总体目标而建立的适应区域环境特征，提供区域物流功能，满足区域经济、政治、自然、军事等合理发展需求，具有合理空间结构和服务规模，实现有效组织与管理的物流活动体系。区域物流主要由区域物流网络体系、区域物流信息支撑体系和区域物流组织运作体系组成[①]。

区域物流是指一个国家、一个经济区域或是一个城市的物流，这些不同地域范围的区域物流都处于同样的政治、经济、技术、法律等外部环境之中，但却各有其独特的地方。研究各个国家物流发展的共同点和差异所在，这便是研究国际物流的基础。总体而言，各国的物流既有共性又有个性。比如日本领土面积狭小，海运发达是其物流突出的特点，覆盖全国的配送系统也很有特点；美国非常重视物流运输技术改进和组织管理工作，大型汽车在美国物流活动中得到广泛应用，很有特色；欧洲各国由于一体化进程，纷纷参与国际物流分工，角色各异。这种研究不但对认识各国的物流特点会有所帮助，而且对各国加强在物流领域的交流合作、推动区域物流和区域经济的发展也具有积极意义。日本便是一个典型的例子，他们正是在借鉴学习、消化吸收美国物流发展模式的基础上，才发展成为如今别具一格的物流。

城市物流是区域物流研究的一个重点内容。城市物流的形成可归功于社

---

① 张中强. 区域物流协调发展［M］. 北京：中国财富出版社，2011.

会分工和国际合作，因社会分工和国际合作的加强，促使一个城市及周边区域逐渐形成小的经济地域，该经济地域的发展有赖于物流系统的建立和运行，城市物流应运而生，它服务于城市经济发展的需要。

目前国际学术界对区域物流的定义尚未统一，而我国对区域物流的解释则更不成熟，除了物资和交通部门对物流的认识带有"偏见"外，人们对物流适用面的认识也存在很多局限[①]。观念认识上的分歧，导致理论研究存在着严重的本位主义，已有的关于物流战略规划、物流经营管理理论方面的研究，大多是从研究者自身的立场和角度出发，忽略物流整体最优，而片面地强调物流某个局部的目标。理论研究的本位主义导致区域物流系统规划只考虑局部利益，系统的整体优势无法发挥，现代物流与传统物流的区别变得模糊，现代物流的优势无法展现。随着实业界和政府部门对物流产业的广泛关注，区域物流的内涵也逐渐丰富起来。因此，对区域物流的分析和认识要从多角度出发，也呼吁更多的经济学或企业管理方面的学者来关注物流这一新兴产业。从经济学、管理学、物流学等多学科角度研究区域物流，对于明确区域物流概念体系，丰富物流领域现有理论架构，推动物流产业的高质量发展有着重要的理论和现实意义。

从区域物流的形成过程来看，区域物流是随着区域经济的形成和发展而形成和发展起来的。区域经济是一种聚集经济，是人流、商流、资本流等各种生产要素聚集在一起的规模化经济，它以生产的批量化和连续性为主要特征。但聚集不是目的，要素的聚集是为了商品的扩散，合理的物流系统对于商品的价值和使用价值的实现起着基础性作用[②]。

从区域经济和物流产业的角度，结合物流本身的特点，对区域物流的概

---

① 徐湘勺. 论区域物流规划下的农村物流体系构建［J］. 农业经济，2018（03）：126-127.

② 肖卓. 云南面向东南亚、南亚区域物流系统优化研究［D］. 长沙：湖南大学，2007.

念进行描述。所谓区域物流是在一定的区域地理环境中，以大中型城市为中心，以区域经济规模和范围为基础，结合物流辐射的有效范围，将区域内外的各类物品从供应地向接受地进行有效的实体流动，它实现了物资的空间效用、时间效用和形质效用，是运输、储存、装卸、包装、流通加工、配送、信息处理等几种功能的有机结合体[①]。区域物流侧重于城市之间、城乡之间的、实现物品从供应商到消费者的运输与集散一体化的过程，目的在于运用区域概念和战略战术解决大范围物流中存在的主要问题，实现区域物流高效率运作。因此，区域物流体系在提高区域物流活动效率、实现物品的快速流通方面发挥着极其重要的作用。

具体来说，地理位置的差异性和客观性是形成区域物流的条件，区域物流是以区域地理位置为前提，以大中型城市为中心，突出大中型城市处于区域经济的中心位置，是实现聚集经济性的主要空间表现形式[②]，如广州、上海、杭州、宁波、连云港、青岛、烟台、天津、大连、南京、武汉、郑州、西安、重庆等各型城市及相应的区域经济范围，再如珠江三角洲、长江三角洲、环渤海经济区域、南京（苏南）经济区域、武汉（华中）经济区域、郑州（中原）经济区域等。

2．城市物流

城市本身以及其带来集中经济的发展都是社会生产力和商品经济的具象产物，城市经济在发展过程中产生的任何生活消费、生产资料等流动贸易行为需要在城市这个大框架中运行，即城市是城市经济发展的载体，城市物流依托于城市经济而存在。按空间结构来分，城市物流可分为城市内部物流和

---

① 杨学梅. 基于因子分析法的河南省区域物流能力评价研究［J］.现代商业，2011（09）：71-72.

② 王东方. 中国城市物流发展空间结构演化与机理研究［D］. 西安：长安大学，2019.

城市外部物流。城市内部物流是以城市为主体，服务于城市内部空间或是城市与外部区域间的实物流动过程，并且随着人们需求的个性化和多样化，城市物流模式、体系以及存在形态也在不知不觉中发生了巨大的变化。与此同时，城市物流活动覆盖领域非常广，遍及生产、分配、流通、消费等城市社会再生产过程的每一经济活动环节，充分满足了城市需求。

城市物流是城市发展的重要环节，支撑着城市日常经济活动的正常运行。城市物流水平对城市经济发展水平的影响主要表现如下：（1）若与城市经济发展水平相匹配，两者会相互促进形成良性互动，主要表现在节约物流成本、扩大城市就业率、优化产业结构、均衡城市产业布局，促进城市的经济发展；（2）若滞后于城市经济发展水平，城市物流水平将会影响商品流通效率，不利于劳动生产率的提高，阻碍城市加大经济发展圈的趋势；（3）若超前于城市经济发展水平，物流供过于求，就会造成物流资源的大量空置，导致物流成本上升。总体上，若城市物流与城市经济发展两者能够协同发展，必将有利于拉动城市各产业经济的发展，增强城市的综合实力[①]，如图3-1所示。

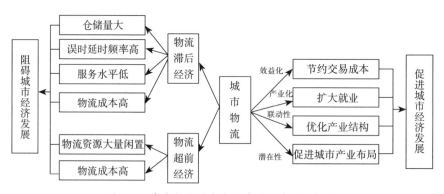

图 3-1　城市物流对城市经济的正负影响机制

---

① 孙艺婕. 带时间窗的城市物流多中心配送路径优化研究［D］. 舟山：浙江海洋大学，2020.

3．绿色物流

目前国外学者对绿色物流的定义并未形成统一的认识，有的称其为"生态物流"，有的称其为"环境物流"，也有的认为应是"绿色物流"，国内大部分学者认可将绿色物流直接翻译为"Green Logistics"，而不用另外的称呼对其进行定义。我国在 1997 年的亚太国际物流会议上，就有国内学者对绿色物流进行过相关的研讨，随着经济社会的发展和生活水平的提高，人们对绿色物流理论有了更为深入的了解，国内许多学者陆续给出了"绿色物流"的概念。不同学者对绿色物流有不同的见解和表述，本书归纳了一些相关的描述。

以供应链为视角定义，绿色物流强调在所有物流活动中，要高度重视对环境造成的负面影响，不管正向物流还是逆向物流都要推行绿色化（Haw-Jan Wu & Steven C. Dunn，1995）[1]。绿色物流是对正向物流和逆向物流的生态管理（Bjorn N.Petersen & Palle Petersen，2006）[2]。"美国逆向物流执行委员会"认为绿色物流更为关注保护生态环境，它和传统物流有着很大差异，它属于"生态型的物流"。国家标准化管理委员会 2001 年所颁布的《国家物流术语标准》，认为绿色物流是指在相关的物流作业流程中要更为注重降低对环境的破坏性，同时保护环境、提高资源的利用率[3]。陈达（2001）[4] 提出现代化的绿色物流管理即是从关注并改进环境的角度进行合理的物流作业的管理系统。

---

① Haw-Jan Wu, Steven C. Dunn. Environmentally Responsible Logistics Systems [J]. International Journal of Physical Distribution and Logistics Management, 1995, 25（2）: 20-24.

② Bjorn N.Petersen，Palle Petersen. Green logistics [M]. Copenhagen: The Danish Press, 2006.

③ 国家标准化管理委员会 .GB/T 18354-2001, 中华人民共和国国家标准 物流术语 [S]. 国家标准，2001.

④ 陈达. 绿色物流管理浅议 [J]. 中国物资流通，2001（5）: 9-10.

王长琼（2004）[①]指出企业的绿色物流包含正向、逆向两个方面，对这两个方面涉及的所有物流活动加强管理可以保障企业物流绿色化的顺利实施。绿色物流指通过学习先进技术以及灌输环保的作业理念，对整个系统进行有效的管理，最终达到降低污染物排放、节约资源的效果。曾国平等（2001）[②]认为绿色物流即是为需求和供给双方的主体服务，最大限度地克服物品在时间和空间上存在的阻碍，为客户提供绿色化的商品和服务并且追求环保化的作业过程。刘春宇（2005）[③]提出指绿色物流是一种可持续发展的物流作业形式，它节约资源，注重环保，尽可能地循环利用，减少污染与浪费，它除了需要企业绿色作业，更需要社会对其进行监督与控制。

相较于普通的物流而言，绿色物流的要求更为严格，其不仅重视盈利，更重视保护生态环境和节约社会资源。这是一个具有社会责任感的物流体系，其争取更为环保、节约的作业形式的同时兼顾可盈利性，通过改进相关物流作业活动的技术，并对其有更为详细的规划来实现最终目标。实现绿色物流尽管存在一定困难，可是随着科学技术的不断创新，相信在不久的将来，绿色物流这种新兴的作业方式会得到广泛的应用。

绿色物流的范围很广泛，涉及物流的每一环节，甚至是废物回收都要进行绿色化。通过全程对环境高度重视，实现保护环境的同时也能节约资源。因此，绿色物流可以从宏观和微观两个层面来进行理解。

微观层面：绿色物流是以注重环境保护和作业活动相结合的，即是从设备上提升其先进性、学习发达国家的技术以及施行环保的管理方式来实现物

① 王长琼. 绿色物流的内涵、特征及其战略价值研究［J］. 中国流通经济，2004，18（3）：12-14.

② 曾国平，谢庆红. 绿色物流：未来中国物流业的发展主流［J］. 商贸经济，2001（11）：49-50.

③ 刘春宇. 从环境角度谈绿色物流体系的构建［J］. 天府新论，2005（S1）：104-105.

流作业各个环节中的绿色化，充分提高能源的利用率、减少对环境造成的破坏，兼顾经济和环保。[①]

宏观层面：绿色物流所设定的目标在于对城市、地区和国家的工业布局、产业发展、人口与环境进行全面分析，通过技术和管理手段推动相关的物流作业环节更为高效、环保，并发展先进的绿色物流技术健全环境标准规范物流企业的行为，构建绿色物流评价体系，抑制物流对环境的影响，从技术和管理层面实现物流发展和经济、社会的协调可持续发展。

尽管国内外专家学者对绿色物流的描述不尽相同，但都肯定了绿色物流对经济社会和生态环境可持续发展的重要作用。绿色物流的核心在于注重生态平衡、资源节约和环境保护，提高资源循环利用，从而使得这样的物流作业模式具有可持续发展的特点。这些绿色化的改进方式是绿色物流的一部分，因此，绿色物流的含义是很广泛的[②]。

4．低碳物流

将低碳经济的理念融入物流行业即衍生出低碳物流的概念。低碳物流旨在把经济、消费者、社会和生态环境有机地结合起来，从物流业整体系统运作出发，将低碳理念、低碳技术等应用到物流业各环节，以达到物流业在满足社会经济发展的适度增长要求的同时，尽可能地降低能源、资源的投入以及降低污染物的排放，实现物流业、经济、能源、环境利益四者的协调统一发展。实现物流业低碳发展将有利于降低物流业的投入成本，促进物流业低碳转型，降低碳排放，助力物流业为国民经济发展做出更大的贡献[③]。

① 狄安安. 基于模糊物元的长江三角洲区域绿色物流水平研究［D］. 南昌：华东交通大学，2018.

② 张滨. 发达国家绿色物流的发展及其对中国对外贸易的影响［D］. 长春：吉林大学，2015.

③ 陈曲. 中国物流业低碳发展路径研究［D］. 北京：华北电力大学，2019.

简单而言，低碳物流是指在物流运输过程中采用先进的科学技术、管理手段及运输模式，降低运输过程中的燃油消耗，降低尾气排放，全面提升运输效率，实现节能降耗，减少污染物排放，达到降低成本与保护环境发展的目的[①]。

综上，低碳物流由低碳经济的理念衍生而来，低碳经济于经济发展而言是一种可持续的健康的发展模式，兼顾经济社会发展、资源能源使用以及环境承载能力等多个要素，强调经济、社会、环境三方面的协调。

物流业作为支撑国民经济发展的重要力量之一，也是我国能源消费增长、二氧化碳排放增加、能源对外依存度提升、区域环境恶化的重要推动者之一。如今，随着低碳发展观念的逐渐加深和多项节能减排政策的实施，物流活动所造成的环境问题已经成为物流企业亟须解决的关键问题。传统物流发展的物质基础是以消耗能源达到快速发展的目的，物流业能源消耗主要以传统能源，如煤油、汽油和柴油为主，均为高碳能源消耗。在发展低碳经济的背景下，物流业发展方式粗放、资源约束与产业发展矛盾突出，能源资源利用效率低、能源密集型产业技术落后对生态发展提出了严峻的挑战[②]。因此，物流业亟须从高能耗、高污染的发展模式向低排放、高效率的低碳物流转变。可见，低碳物流不仅对环境的低碳发展有着重要的作用，也是经济低碳发展和社会低碳发展的重要保障，更是低碳经济发展的必然要求。

低碳物流与低碳经济之间存在着紧密的关系，两者相互影响。低碳经济的提出对我国物流产业发展带来了严峻的挑战，同时也提供了巨大的发展机遇。一方面，据国家统计局数据显示，自 2018 年到 2019 年上半年，我国社会物流总费用占 GDP 的比例分别为 14.8%、14.7%、14.2%，这一比例接

① 冷龙龙. 低碳物流选址路径问题及超启发算法研究 ［D］. 杭州：浙江工业大学，2020.

② 马丁. 低碳物流影响因素及绩效评价 ［D］. 西安：西安工程大学，2018.

近美国、日本等发达国家（8%~9%）的 2 倍[①]，因此实现物流业的低碳发展、降低物流费用对经济低碳发展发挥着重要的作用。随着物流需求的逐年增长，节能减排任务不断加重，"低碳经济"逐渐对"低碳物流"形成倒逼机制。采取先进的管理方式和技术手段，加快发展更加高效、节能、环保的低碳物流势在必行。另一方面，发展低碳物流是实现低碳经济的重要措施。物流业作为我国国民经济的重要产业，对于我国现阶段的经济增长和社会进步起着重要的推动作用，在我国面临能源短缺和生态环境恶化的背景下，发展低碳物流能够有效应对我国面临的现实挑战，并能促进低碳经济的实现。最后一个方面，我国社会主要矛盾为人民日益增长的美好生活需要和不平衡不充分的发展之间的矛盾[②]，而美好生态的环境需求正是生活需求的一部分，因此降低物流活动中碳排放是保障人民生活质量的重要方式之一。

低碳物流与普通物流相比，具有以下特点：

（1）节能高效性

低碳物流的核心是"低碳"，其强调在物流全过程中实现低能耗、低污染、低排放，以节能减排的方式发展物流。

（2）多目标性

低碳物流发展强调在保证物流活动经济效益的前提下，通过能源结构调整和新技术的应用，减少能源消耗和降低物流活动的二氧化碳排放，实现经济效益、生态效益、社会效益和环境效益的协调统一。

（3）系统性

低碳物流不是低碳运输、低碳储存、低碳装卸、低碳搬运、低碳包装、

---

① 前瞻物流产业研究院.2010-2020 年中国社会物流总费用及占 GDP 比重情况［EB/OL］. https://bg.qianzhan.com/wuliu/detail/616/201103-3cb30aec.html，2020-11-03.

② 新华社. 我国社会主要矛盾转化的背后［EB/OL］. http://cpc.people.com.cn/19th/n1/2017/1021/c414305-29600806.html,2017-10-21.

低碳流通加工、低碳配送等物流活动功能要素的简单叠加，而是通过彼此的内在联系基于低碳总目标下形成的一个大系统，构成系统的各功能要素之间存在着相互联系、相互作用关系。只有物流系统的每个功能环节都实现了低碳化，才能实现资源的充分利用，降低物流活动的碳排放量[①]。

（4）高科技性

低碳物流以能效技术、可再生能源技术和温室气体减排技术的开发和运用为核心[②]。低碳物流的实现离不开先进的软技术和硬技术的支撑。软技术主要是指能够带来节能减排效果的先进软件、管理理念、操作方法、作业标准和业务流程等。硬技术包含物流活动中所使用的各种工具、设备等，如叉车、分拣机、绿色运输车等设备。先进的低碳技术是实现低碳物流的支撑和基础。

（5）双向性

低碳物流既包括正向低碳物流，又包括逆向低碳物流，此为低碳物流的双向性。逆向低碳物流是指合理处置正向物流过程中产生的退回产品、包装物及废弃物等，实现包括回收、分拣、净化、提纯、商业或维修退回、包装等再加工、再利用和废弃物处理等物流各活动环节的低碳化。早期人们对物流的认识还停留在正向物流上，往往忽视了逆向物流的节能减排和资源的有效利用。低碳物流的双向性要求物流低碳化必须从正向物流和逆向物流两个方面实现。

（6）效益背反性

在低碳物流体系运营中，减少碳排放的举措降低了对环境的影响，但低碳技术投入的增加却导致了物流成本的增加，可见低碳物流具有效益背反性，这成为低碳物流难以推广的一个主要阻碍。

---

① 杨雨薇. 国内外低碳物流研究综述［J］. 物流工程与管理，2011，3（03）：1-3+34.

② 徐旭. 低碳物流的内涵、特征及发展模式［J］. 商业研究，2011，（04）：183-187.

第 2 节　研究的理论基础

1．低碳经济理论

低碳经济是在全球气候变暖对人类生存和发展提出严峻挑战的大背景下提出的。所谓低碳经济，是指在可持续发展理念指导下，通过技术创新、产业转型、新能源开发等手段，改变能源结构，尽可能减少煤炭、石油等高碳能源消耗，减少温室气体排放，达到经济社会发展与生态环境保护双赢的一种经济发展形态，突出"低能耗、低排放、低污染"的发展模式，其实质在于提高能源利用效率，创建清洁能源结构[①]。据相关专家预测，如不改变目前的生产生活方式，到 2030 年全球二氧化碳的排放量可能超过 380 亿吨，由此引发的温室效应将严重威胁人类的生存[②]。从管理学的角度来看，低碳经济的实质是以最少的能源消耗、最低的碳排放来获得最大的经济效益，其核心是节能减排技术的创新与推广应用、产业结构的调整与转型升级以及人类生活方式和消费观念的彻底改变。发展低碳经济的最终目的是达到经济社会发展与生态环境保护双赢的局面。

2．可持续发展理论

可持续发展理念是在 1972 年由斯德哥尔摩联合国人类环境研讨会正式提出的；1980 年 IUCN（世界自然保护联盟）发表的《世界自然资源保护策

---

① 李丽，邢俊兰. 低碳经济趋势下我国低碳物流发展研究［J］. 商业经济研究，2011（31）：24-25.

② 岳馨. 低碳经济下的低碳物流［J］. 中国商论，2010（12）：101-102.

略》中较为系统地解释了可持续发展理论；到 1987 年，布特兰报告《我们的未来》第一次给出了可持续发展理论的内涵并对其进行定义：在满足当代人生存需求的基础上，也不能损害后代人的发展需求的一种发展方式[1]。

可持续发展理论的内涵十分丰富，但都离不开社会、经济、环境和资源这四大系统，包括可持续发展的共同发展、协调发展、公平发展、高效发展和多维发展 5 个层面的内涵[2]。（1）共同发展。将整个世界可看作是一个大系统，是一个整体，而各个国家或地区是组成这个大系统的无数个子系统，任何一个子系统的发展变化都会影响整个大系统中的其他子系统，甚至会影响整个大系统的发展。因此，可持续发展观注重系统整体发展以及各个子系统之间的共同发展。（2）协调发展。协调发展包括横纵两个方向的协调，横向协调是指经济、社会、环境和资源这 4 个层面的相互协调，纵向协调是指整个系统到各个子系统在空间层面上的协调，可持续发展的目的是实现人与自然的和谐相处，人类合理开发利用和保护自然资源，使得生态系统能够保持动态平衡。（3）公平发展。不同地区的发展水平存在差异，可持续发展理论中的公平发展要求我们既不能以损害子孙后代的发展需求为代价而无限度地消耗自然资源，也不能以损害其他地区的利益来满足自身发展的需求，而且一个国家的发展不能以损害其他国家的发展为代价[3]。（4）高效发展。人类与自然的和谐相处并不意味着因为要保护环境而放弃发展，可持续发展要求在保护环境、节约资源的前提下来促进社会的高效发展，是指经济、社会、环

---

① 世界资源研究所，联合国环境规划署，联合国开发计划署. 世界资源报告 1992-1993［M］. 北京：中国环境科学出版社，1993.

② 唐晓辉. 基于可持续发展理论的京津冀建筑产业化发展水平评价研究［D］. 北京：北京建筑大学，2020.

③ 世界环境与发展委员会. 我们共同的未来［M］. 王之佳，柯金良，译. 长春：吉林人民出版社，1997.

境和资源之间的协调有序发展。（5）多维发展。不同国家和地区的发展水平不同，即使同一国家的不同地区在经济、文化、风俗习惯等方面也存在很大的差异，可持续发展具有很强的包容性，强调综合发展，不同地区从自身的实际发展现状出发，结合自身情况进行多维发展。

可持续发展理论是对社会发展进程的指导性理论，会随着社会的发展不断被赋予新的内涵，但都不会脱离实现人类社会持续发展的初衷。可持续发展理论反映了人类社会最直接需求的价值原则，被提出以后得到全世界广泛认同，引发了学者的深入研究。可持续发展理论之所以会被广泛认同，最主要的原因是该理论强调世界是不断发展、不断前进的，发展是永恒的，可持续性是人类社会不断向前发展最真实、最本质的要求。如果将可持续发展应用到建筑领域，就要求我们在建筑业发展的过程中，摒弃对社会、环境、资源等产生不良影响的方面，寻求可持续发展机制的建设、不断创新技术，加快建筑业可持续发展的进程[1]。

从我国国情来看，可持续发展理论对我国的发展具有很强的现实指导意义。中国作为世界大国，人口数量位居世界前列，近年来经济获得了迅猛发展，伴随着资源消耗在不断增加，环境承载压力在不断加大，可利用的资源逐步减少与不断增加的需求之间的矛盾在不断加深，因此亟须开展可持续革命，在满足当代人基本需求的同时，能够为子孙后代的发展留下财富。

3．循环经济理论

1962 年美国经济学家鲍尔丁首次提出"循环经济"一词，20 世纪 90 年代我国开始引入该理论并进行大规模宣传和实践[2]。循环经济不仅仅是废弃物

---

① 唐晓辉．基于可持续发展理论的京津冀建筑产业化发展水平评价研究［D］．北京：北京建筑大学，2020.

② 焦志宏．清徐县农业循环经济发展研究［D］．山西：山西农业大学，2018.

资源的综合利用，更重要的是，它以技术创新为支撑，是一种从资源配置和企业布局开始的综合经济发展模式[1]，可以最大限度地缓解经济快速增长与资源供给不足和环境污染之间的矛盾，在经济增长的过程中实现减少资源消耗和环境破坏[2]。

循环经济理论是从生态学与经济学双重视角出发，要求国民经济的发展兼顾经济发展规律与环境要求，既要充分利用环境与资源，又要注重保护生态环境，旨在实现自然资源的重复利用[3]。

循环经济发展模式问世以前，人类社会以"生产—消费—废物"的传统经济发展模式进行经济发展。这种模式生产效率低下，无法实现资源充分合理利用，导致废弃物越来越多，对环境造成很大危害。而循环经济模式将传统经济模式发展过程中产生的废弃物，运用先进技术进行加工处理后，成为对人类生产生活有用的资源再次投入生产和消费环节。废弃物的循环利用既减少了对环境造成的负面影响，又为生产消费提供了物质资料。很显然，与传统经济发展模式相比，循环经济在资源节约和环境保护方面具有更为显著的优势。

4．生态经济学理论

生态经济学产生于 20 世纪 50 年代，是一门由生态学和经济学相互交叉而形成的边缘科学[4]。生态经济学所研究的对象为生态系统和经济系统相互作用所形成的生态经济系统，以生态学理论为主旨，经济学为研究方法，人类

---

① 晏永刚. 重庆市循环经济测度指标体系与评价方法研究［D］. 重庆：重庆大学，2007.

② 杨雪锋. 循环经济学概论［M］. 北京：首都经济贸易大学出版社. 2009.

③ 李聪. 低碳约束下一带一路物流产业技术效率及其影响因素研究［D］. 福州：福州大学，2017.

④ 汪伟锋. 基于循环经济理论的城市生活垃圾处置研究［D］. 杭州：浙江工业大学，2016.

经济活动为研究对象，寻求可持续发展，即满足当代人的需求，又保证子孙后代未来的生存和发展[①]。

生态学和经济学之间密不可分，有着深厚的历史渊源，有人认为"生态学就是自然经济学"。随着生产力的不断发展，人类活动日益频繁，大规模的工业生产给环境带来了污染和破坏，使得大量的自然资源得不到有效的利用。经济的长远与可持续发展，需要生态系统的平衡协调提供坚实的支撑，只有确保了生态与经济之间的平衡，才能够促进经济的发展。

生态经济的发展主要通过三个互动的层面来体现：其一，小层面。即单个企业层面的生态经济，简称单一型生态经济。其二，中观层面。即企业之间的生态经济链，简称结合型生态经济。其三，宏观层面。即社会层面的生态经济层，简称复合型生态经济。三个层面的生态型经济，从单一到结合，从结合到复合，层层推进，促使社会经济运行质量以及效益的持续改善和提高。发展生态经济，在遵循市场经济规律要求的同时，还需要遵循自然生态规律的要求，实施生态化管理，自觉协调经济与生态环境的发展关系，实现社会效益、经济效益和生态效益的"三赢"[②]。

[①] 傅国华，许能锐. 生态经济学（第二版）[M]. 北京：经济科学出版社，2014.

[②] 侯霞. 西藏发展生态经济的若干问题 [J]. 西藏发展论坛，2012（02）：27-32.

第3节 综合评价流程与方法比较

1．综合评价流程

综合评价问题是多因素决策过程所遇到的一个带有普遍意义的问题。具体来说，所谓综合评价即是对评价对象的全体，根据所给的条件，采用一定的方法，给每个评价对象赋予一个评价值，再据此择优或排序[①]。综合评价的目的通常是希望能对若干对象，按一定意义进行排序，从中挑选出最优或最劣的对象。对于每一个评价对象，通过综合评价和比较，可以找到自身的差距，也便于及时采取措施进行改进[②]。一般来说，构成综合评价问题的要素包括评价目的、被评价对象、评价者、评价指标、权重系数、综合评价模型、评价结果等几个方面。开展综合评价首先要明确评价的流程，大致可以按照图 3-2 所示的步骤逐步展开。

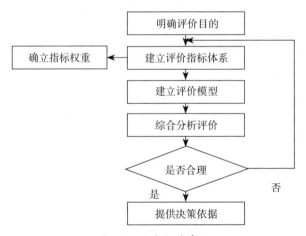

图 3-2　综合评价步骤

① 谭艳了. 基于改进模糊算法的支持 QoS 语义 Web 服务选择研究［D］. 邯郸：河北工程大学，2010.

② 钱素萍. 无锡市居民生活质量综合评价体系及实证研究［D］. 南京：南京理工大学，2006.

（1）明确评价目的和被评价对象。首先必须明确评价的目的，这是评价工作的根本性指导方针。即明确为什么要开展综合评价，评价事物的哪一方面，评价的精度要求如何，等等。被评价对象的确定也是评价工作中关键的一环。比如，评价的时间跨度是短期、中期或者长期，评价的观察视角是宏观、中观或者微观等，都为后期评价研究工作提供基础。

（2）确定被评价对象的各影响因素。被评价对象的影响因素众多，为了提高评价结果的精度，故需考虑可控、不可控，主客观、内外部多种因素的共同影响。只有进行全面性、综合性分析，才能实现较为准确的评价。

（3）构建综合评价指标体系。综合分析各影响因素之间的关系，选择合适的方法提取有效指标，构建综合评价指标体系。

（4）选择综合评价方法。评价方法是衡量和测度评价问题的工具或者手段，就是说"如何评价"。评价方法的选择要考虑其科学性和适用性，同时也要考虑到它的现实可行性[①]。需根据被评价对象的特点，选取合适的评价方法，保证评价的适用性及精确性。

（5）构建综合评价模型。通过一定的数学模型，将多个评价指标值"合成"为一个整体性的综合评价值。可用于"合成"的方法有很多，问题的关键在于如何根据评价目的和被评价对象的特点来选择较为合适的合成方法。

（6）评价结果的输出。在确定评价方法和评价标准后，需要收集相关数据并对数据进行处理，将处理后的数据代入综合评价模型中进行实证分析，从而得出评价结论，并根据评价结果进行决策。当评价结果低于评价标准时，此时需要研究评价对象水平较低的原因，并针对原因提出改善和提升的方法。

---

① 李艳飞. 基于承载力的城市综合开发项目评价模型与方法研究［D］. 天津：南开大学，2012.

2．综合评价方法比较

综合评价的具体方法有许多种。各种方法的总体思路基本一致，大致可分为确定评价对象、构建评价的指标体系、计算各指标的权重、建立评价的数学模型、分析评价结果等几个环节。其中构建指标体系、计算各指标权重、建立数学模型这3个环节是综合评价的关键环节。

每一种综合评价方法都各具特色，各有利弊。综合评价方法选择得当与否，直接影响综合评价的评价结果。通过查阅大量文献，总结归纳目前应用比较普遍的6种综合评价方法，如表3-1所示。

表 3-1　综合评价方法比较[1]

评价方法	思想与原理	优点	缺点
层次分析法（AHP）	AHP法把复杂问题分解成具有递阶结构的目标、准则、方案等层次，在此基础上对系统进行定性和定量分析评价	方法简单灵活，实用性高；定性分析与定量分析相结合	不能解决指标之间具有依赖和反馈关系的问题；定量数据较少，定性成分多；主观成分较大
灰色综合评价法	灰色综合评价法是一种探究基于灰色关联度分析的综合评价方法，其利用各方案与最优方案之间关联度的大小对评价对象进行比较、排序	计算过程简单，通俗易懂；对数据要求较低，工作量较少；适用于无规律数据	各项指标的最优值难以确定，且主观性较强
数据包络分析法（DEA）[2]	DEA法是以"相对效率"概念为基础，根据多指标投入和多指标产出对相同类型的组织（机构）进行相对有效性或效益评价的一种系统分析方法	基于指标数据的客观信息进行评价，剔除了人为因素带来的误差；可以评价多输入多输出的大系统，并可用"窗口"技术找出单元薄弱环节加以改进	只表明评价单元相对发展指标，无法展示实际发展水平

① 马丁. 低碳物流影响因素及绩效评价研究［D］. 西安：西安工程大学，2018.

② 马占新. 数据包络分析模型与方法［M］. 北京：科学出版社，2018.

续表

评价方法	思想与原理	优点	缺点
模糊综合评价法	模糊综合评价法是应用模糊关系合成的原理，从多个因素对被评判事物隶属等级状况进行综合评判的方法	可对涉及模糊因素的对象系统进行综合评价；克服传统数学方法结果单一性的缺陷，结果包含的信息量丰富	确定隶属度函数和合成算法需要丰富的经验；评价过程带有一定的主观性
人工神经网络（ANN）评价法[1]	ANN评价法是一种交互式的评价方法，可以根据用户期望的输出不断修改指标的权值，直到用户满意为止[2]	弱化主观因素、运算速度快、问题求解效率高、自学习能力强、适应面宽，能够处理非线性、非局域性的大型复杂系统	需要大量的训练样本；评价算法复杂，需要借助计算机进行处理
TOPSIS评价法[3]	TOPSIS法是根据有限个评价对象与理想化目标的接近程度进行排序的方法，是在现有的对象中进行相对优劣的评价[4]	对数据要求低，只要求单调性；适用于多目标决策问题；能同时对多个对象进行评价	只能反映各评价对象内部的相对接近度，并不能反映与现实最优方案的相对接近程度

① 韩力群. 人工神经网络理论及应用［M］.北京：机械工业出版社，2017.

② 袁万海. 基于主成分分析的多元集成综合评价模型［J］.技术与创新管理，2011，32（04）：378-382.

③ 黄慧，刑庆芳，叶演红. TOPSIS对病床工作效率评价的应用［J］.中国卫生统计，2013，30（02）：308-309.

④ 石磊，黄学斌. 保有石油预测储量升级潜力评价方法及升级策略［J］.石油实验地质，2021，43（01）：176-183.

第4节　发展低碳物流的意义

1．既顺应国际碳减排新形势，又契合我国科学发展观理念

继哥本哈根世界气候大会召开后，气候问题越来越受到国际社会的关注，国际社会对碳减排事业的认可度和碳减排的要求越来越高，这从侧面推动了世界碳减排事业的发展。我国作为最大的发展中国家，在世界碳减排事业中扮演了极为重要的角色。

物流业在低碳经济中具有特殊的地位，低碳经济需要现代物流的支持，主要表现在以交通运输业为主体的物流业是一个高排放、高能耗的行业，既是能源消耗大户也是碳排放大户。国际可再生能源署发布的最新报告显示，2015 年交通部门在全球能耗中占 29%；碳排放中，交通运输业的碳排放量占到了全球碳排放总量的 23%，其中 72% 的碳排放量来自道路车辆[①]。降低物流业的能耗，能够有力地促进低碳经济的发展。

我国社会物流费用支出占国内生产值的比重在 15% 左右，远远高于美国、日本等发达国家的 8%～9%[②]，由此可见低碳物流有着巨大的发展空间。发展低碳物流，主动承担起国际碳减排责任，是我国顺应国际碳减排新形势，向全球展现我国应对气候变化的承诺和姿态，也是展现大国担当的正确举措，又契合我国科学发展观的治国理念，与我国国情相符，对于提高资源

---

① 中国储能网新闻中心. 国际能源小数据［EB/OL］.http://www.escn.com.cn/news/show-521859.html,2018-05-09.

② 前瞻物流产业研究院. 2010—2020 年中国社会物流总费用及占 GDP 比重情况［EB/OL］.https://bg.qianzhan.com/wuliu/detail/616/201103-3cb30aec.html，2020-11-03.

利用效率，节约成本，加快我国生态文明建设有着积极的促进作用。

2．发展低碳物流能带来经济、环境双重效益

从企业层面来看，实施一切管理活动的根本目的在于提升企业的经济效益，在国家相关法律法规的要求和自身社会责任的驱动下，要构建与完善低碳物流体系，早期必然需要投入大量的资源，但从长久来看，低碳物流运作进入一个较为成熟的阶段以后将会为企业带来成本降低等经济效益。可以说，低碳物流的长远发展对于企业而言无论是环境效益还是经济效益都是一种可持续的长期战略[①]。随着时间的推移，低碳物流管理体系与方法也将日益成熟，为企业所接受的程度也会日渐加深，实施的程度也会随之提升，所带来的经济效益和环境效益也会随之增加。

3．发展低碳物流有利于我国物流行业的长远发展

一方面，以兑现低碳承诺为契机，可加快我国物流行业的产业结构转型。在物流全球化和低碳经济发展的双重推动下，我国物流业从传统粗放、落后的经营方式逐渐转向集约化程度高、资源配置合理、信息流通顺畅的现代物流，有利于我国物流行业的长远发展。另一方面，发展低碳物流，建立并完善低碳物流体系，与有关国际标准接轨，有助于我国物流企业走出国门参与到国际市场竞争中，规避碳税贸易壁垒，避免被国际社会的主流物流体系边缘化，与国际发展潮流相一致[②]。

---

① 刘子钦. 基于碳预算控制下钢铁行业低碳供应链绩效评价体系研究——以 NG 集团为例 [D]．镇江：江苏大学，2016.

② 宋宸，刘玲丽，杨远鹏，等. 我国低碳物流发展现状及建议 [J]．中国市场，2012，（10）：13-14.

第5节　我国低碳物流发展总体情况

低碳物流是当今经济可持续发展的一个重要组成部分，它对社会经济的不断发展和人类生活质量的不断提高具有重要意义。我国在主动承担全球碳减排责任的过程中，先后出台低碳物流相关法律法规，建立物流行业低碳认证体系，严格落实节能减排目标责任制，物流低碳化初见成效。结合我国物流业发展现状进行分析，我国低碳物流发展面临的主要问题有如下几点。

（1）低碳物流的意识较为淡薄，对低碳物流的重视度不够。美国、日本以及欧洲一些国家非常重视低碳物流的发展，"低碳物流"理念早已深入人心，甚至在贸易合作中，有的企业提出"非低碳不合作"的要求。低碳物流在我国发展的时间并不长，从政府到企业，从企业到消费者，对低碳物流均存在着认知上的缺陷。因为认识不足，政府就难以开展低碳物流系统规划设计，难以制定出适合我国国情的低碳物流发展策略；因为认识不足，企业就不会积极主动开展节能减排工作；因为认识不足，消费者就无法通过绿色健康消费行为来激励企业实施低碳物流。

（2）低碳物流政策及标准尚不完善。尽管我国自20世纪90年代以来，一直坚持环境污染方面的政策法规的建设和完善，但针对物流行业的政策法规并不多，有关碳税和融资等方面的优惠政策和监管政策还尚未出台，导致对企业的物流低碳化行为缺乏有效的激励和监管。

（3）低碳物流技术的研究与应用比较薄弱。低碳物流的实施，不仅依赖于观念的普及和政策的制定，更离不开技术的支撑①。我国现阶段的物流技术与发达国家相比还有很大差距。新技术的开发与应用不足，包装废弃物的回收利用率低，现有的物流技术和装备离低碳化还有较大的差距，低碳物流标准的基础工作还处于刚起步的阶段。在物流机械化、自动化、智慧化的发展进程中，技术成为我国物流业低碳绿色发展的重要瓶颈。

（4）物流总体运行效率偏低，物流服务组织水平和集约化程度不高。主要原因有：部门管理体制存在条块分割；各部门物流标准的制定存在差异和缺陷；现代物流中介组织不发达、服务水平不高等。这直接导致物流资源浪费、社会物流系统运作不经济，对生态环境带来诸多消极影响。

（5）经营管理水平偏低，服务主体的基础不够扎实。多数物流企业提供的服务仅限于仓储及运输等基本服务，而在物流信息服务、物流方案规划设计、物流策略与评价等方面服务还没有全面展开。大多数物流企业缺乏必要的服务规范和内部管理规程，经营管理粗放，管理手段和信息技术应用落后。

本章小结

低碳物流的发展离不开基础理论的支持。

本章首先通过引入区域物流、城市物流、绿色物流和低碳物流来界定相关研究的概念。城市物流是区域物流的细化，区域物流的主体组成部分是城市物流；而绿色物流和低碳物流有一定的相关性，绿色物流和低碳物流都是通过尽可能降低物流的能耗以及可循环模式实现物流业的可持续发展。

其次，阐述了低碳物流发展的核心理论，分别为低碳经济

---

① 姜彤彤，吴修国. 低碳物流探析［J］. 经济与管理，2011，25（07）：79-83.

理论、可持续发展理论、循环经济理论和生态经济学理论，介绍了这四大核心理论的产生、内涵以及发展过程。

最后，分析论证了发展低碳物流的重要意义，并剖析了我国低碳物流发展的总体情况。为进一步探讨闽浙粤地区低碳物流的发展研究奠定了理论基础。

第四章

闽浙粤地区低碳物流发展现状分析

第1节 福建省低碳物流发展现状分析

1．福建省物流业发展现状

福建省作为海峡西岸经济区的主体，东与台湾岛隔海相望，南与广东珠江三角洲相连，与香港、澳门来往方便，是海峡两岸"三通"的必经之路。此外，福建省处于长江三角洲、珠江三角洲经济圈的中心，是沪港两大航运中心辐射吸引的均衡点，做大做强物流业是优化资源配置、进一步增强福建省经济实力的有效需求。

近年来福建省经济运行稳中有进，高质量发展支撑有力。2019年地区生产总值为42395.00亿元，比2018年增长7.6%（详见图4-1）。其中，第一产业生产总值为2596.23亿元，在2018年的基础上增长3.5%；第二产业生产总值为20581.74亿元，在2018年的基础上增长8.3%；第三产业生产总值为19217.03亿元，在2018年的基础上增长7.3%。三次产业增加值占地区生产总值的比重，第一产业为6.12%，第二产业为48.55%，第三产业为45.33%。（详见图4-2）[①]。全年人均地区生产总值为107139元，比2018年增长6.7%。

---

① 福建省统计局．福建省统计年鉴 2010—2020［EB/OL］．http://tjj.fujian.gov.cn/xxgk/ndsj，2020-12-05．本章关于福建省的相关数据没有特别标注的，均来自于历年福建省统计年鉴。

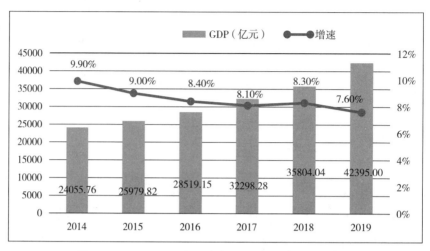

图 4-1　2014—2019 年福建省 GDP 及增速变化趋势图

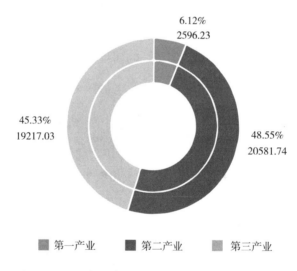

图 4-2　2019 年福建省三大产业生产总值及占比情况

　　福建省物流业与经济发展协调并进，总体保持平稳适度的增长态势，主要表现在物流需求规模持续扩大、物流运营成本缓慢下降、物流业发展水平逐步提升、货物运输能力不断提升等几个方面。下文将围绕这几个方面进行详细阐述。

（1）物流需求规模持续扩大

福建省社会物流总额从 2007 年的 20109 亿元增长到 2010 年的 31153.31 亿元，2015 年达到 55385.03 亿元，2019 年超过 10 万亿元（以当年价格计算）。社会物流总额持续增长，反映出福建省物流需求规模持续扩大。

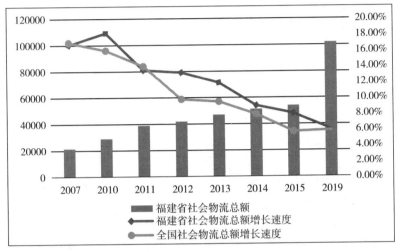

图 4-3　2007—2019 年福建省社会物流总额及其增长速度

图 4-3 中的折线描述了按可比价格计算的 2007—2019 年社会物流总额增长速度变化情况。由图可知，福建社会物流总额增长速度呈"上升—下降—缓慢下降"的特征。2008 年，福建社会物流需求规模并未受到世界金融危机的影响，仍在扩大，在国家推出的"搞活流通、扩大内需"政策刺激下，2010 年增幅高达 18.2%，短暂上升后开始呈下降趋势。与全国相比，除了 2007 年外，福建社会物流总额历年增长速度均高于全国的增长速度。总体而言，福建省物流业需求规模在不断扩大，但扩张速度呈下降趋势。

（2）物流运营成本缓慢下降

如图 4-4 所示，福建省社会物流总费用逐年增加，到 2015 年社会物流总费用高达 4414.19 亿元，2019 年社会物流总费用已超 5400 亿元。虽然

2012—2013年福建省社会物流总费用与GDP的比例略有回升，但从2013年开始进入连续回落阶段，社会物流总费用占GDP的比重由2010年的17.4%下降到2019年的15%。由此可见福建省物流运行效率稳步提升，单位物流成本连续回落，物流领域"降成本"成效持续显现。与全国相比，2010—2012年期间福建社会物流总费用占GDP比值较低，说明在这期间福建经济运行成本相对全国较低。从2013年开始全国社会物流总费用占GDP比例急剧下降，从17.3%跌落到14.7%。此时，福建社会物流总费用占GDP比例高于全国。可见，全国经济运行成本在快速下降，而福建下降速度较慢。

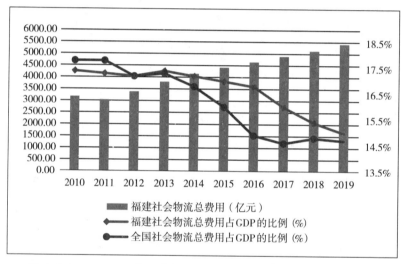

图4-4　2010—2019年福建省社会物流总费用及其占GDP比例情况

（3）物流业发展水平逐步提升

作为服务业的重要组成部分，福建省物流业在推动第三产业的发展中发挥着举足轻重的作用。如表4-1所示，福建物流业增加值（由于现行统计口径中，没有对物流业的直接数据进行统计，而交通运输、仓储和邮政业是传统物流业的重要组成部分，故本文采用统计局普查数据中"交通运输、仓储和邮政业"的数据来代替，后文中关于物流业的相关统计数据也均按此方法进行统计）一直呈上升趋势，说明其物流业发展水平在逐步提高。物流业增加值从 2010 年的 846.83 亿元提升到 2019 年的 1484.58 亿元。然而，福建省物流业增加值占全国物流业增加值的比重呈现逐年缓慢下降趋势，由 2010 年的 4.15% 下降到 2019 年的 3.47%。此外，福建省物流业增加值在第三产业增加值中的比重在此期间呈平缓下降趋势，这意味着与第三产业中其他子行业相比，物流业竞争力在呈下降趋势，如图 4-5 所示。如果福建物流业发展水平不能得到提高，将不利于居民生活水平的提高。

进一步从物流业发展水平提升速度来看，2010 年福建省物流业发展水平提升速度出现较大波动，波动趋势呈现"V"字趋势，其中增长速度提升最大的是 2017 年，达到 10.5%，说明 2017 年在福建省推行"供给侧结构性改革""交通物流融合发展""供应链体系建设""示范物流园区评选""物流标准化推进""多式联运发展"等相关政策和举措的激励下，物流业发展速度也得到了提高。不过 2017 年之后，物流业发展速度开始下降，这意味着物流业发展不能单纯靠政策外部环境刺激。

表 4-1 2010—2019 年福建省物流业增加值、增加速度及占 GDP 比重

年份	福建省交通运输、仓储和邮政业增加值（亿元）	全国交通运输、仓储和邮政业增加值（亿元）	福建增加值占全国增加值的比重（%）
2010	846.83	18783.6	4.51
2011	885.84	21842	4.06
2012	943.01	23763.2	3.97
2013	979.59	26042.7	3.76
2014	1037.93	28500.9	3.64
2015	1110.20	30519.5	3.64
2016	1184.67	33028.7	3.59
2017	1309.33	37121.9	3.53
2018	1376.22	40337.2	3.41
2019	1484.58	42802.1	3.47

数据来源：福建省统计年鉴 2011—2020、中国统计年鉴 2011—2020

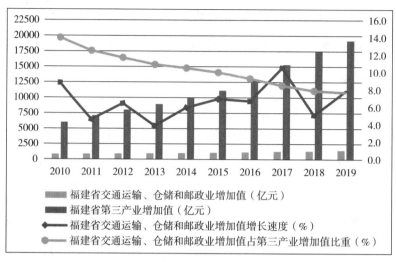

图 4-5　2010—2019 年福建省交通运输、仓储和邮政业增加值情况

（4）货物运输能力不断提升

2010 年以来，福建省综合交通运输体系逐步完善，交通基础设施规模持续增长，运输能力显著增强，服务水平不断优化。全省铁路营运长度、公路通车里程逐年增长，截至 2019 年，铁路营运长度达 3509 千米，公路通车里程达 109785 千米。从货运量情况看，福建省货运量从 2010 年的 66159 万吨稳步增长到 2019 年的 133693 万吨，增长了 2 倍多；货物周转量从 2983.52 亿吨千米增长到 8296.62 亿吨千米，增长了近 2.8 倍多，主要港口吞吐量从 32687.01 万吨增长到 59483.99 万吨。邮电业务总量从 1194.2 亿元提升到 3880.76 亿元。随着电子商务的快递发展，快递业务获得迅猛发展，快递业务量激增，从 2010 年的 10069 万件增长到 2019 年的 261951.28 万件。如表 4-2 所示。

表 4-2　2010—2019 年福建省交通运输和邮政业务情况汇总表

年份	铁路营运长度（千米）	公路通车里程（千米）	货运量（万吨）	货物周转量（亿吨千米）	主要港口吞吐量（万吨）	邮电业务总量（亿元）	快递业务量（万件）
2010	2110	91015	66159	2983.52	32687.01	1194.2	10069
2011	2110	92322	75272	3404.11	37278.95	513.5	15765
2012	2255	94661	84417	3877.73	41359.23	594.9	22594
2013	2743	99535	96718	3943.77	45475.19	667.54	44536
2014	2755	101190	111779	4783.48	49166.24	857.49	65417.31
2015	3197	104585	111063	5450.96	50282.09	1065.89	88786.2
2016	3197	106757	120379	6074.83	50776.09	889.21	128985.77
2017	3187	108012	132252	6785.16	51995.49	1289.86	166110.69
2018	3509	108901	136974	7652.89	55806.88	2523.03	211613.44
2019	3509	109785	133693	8296.62	59483.99	3880.76	261951.28

进一步对比福建省铁路、公路、水运和航空运输方式的货运量，可以发现公路货运量最高，远高于其他运输方式，而航空运输费用比较高，其货运量最低，远低于其他运输方式。从福建省货物周转量来看，水路货物周转量最高，其次是公路货物周转量，航空货物周转量仍然很低，可以看出水路常用于长途运输，而公路常用于短途运输。

表 4-3　2010—2019 年各种运输方式下的货运量及货物周转量

年份	货运量（万吨）					货物周转量（亿吨千米）				
	合计	铁路	公路	水路	航空	合计	铁路	公路	水路	航空
2010	66159	3765	45575	16803	16	2983.52	184.2	578.32	2218.88	2.12
2011	75272	3826	52558	18872	17	3404.11	187.93	659.52	2554.34	2.33
2012	84417	3868	59431	21100	18	3877.73	181.1	771.09	2922.99	2.55
2013	96718	3661	69876	23162	19	3943.77	164.81	821.44	2954.71	2.81
2014	111779	3403	82573	25782	21	4783.48	149.8	974.8	3655.72	3.16
2015	111063	2820	79802	28419	22	5450.96	128.71	1020.25	4298.52	3.48
2016	120379	2918	85770	31668	23	6074.83	129.45	1094.7	4846.44	4.24
2017	132252	3175	95599	33453	25	6785.16	135.9	1214.05	5429.82	5.39
2018	136974	3518	96576	36854	27	7652.89	147.35	1289.52	6209.37	6.64
2019	133693	4086	87317	42263	28	8296.62	191.61	962.48	7135.6	6.94

2．福建省低碳物流发展实践探索

福建省是我国首个生态文明先行示范区，又是"21世纪海上丝绸之路"建设的新起点，在此背景下，低碳物流发展面临极为难得的发展机遇。如上文所述，2010年以来福建省物流业平稳适度发展，物流量与单位物流成本"双高"并存，物流量大不仅造成经济发展成本高，而且生态环境代价也大。降低物流代价，实现物流减量化，一方面须进一步降低单位物流费用，提高物流效率；另一方面须降低总物流量，确保经济物流量和社会物流量在自然物流所能够承受的边界范围之内[①]。为此福建省积极探索并采取了一系列举措推进物流业向减量化、低碳化发展。

（1）打造综合交通运输枢纽，推进多种运输方式对接

"十二五"以来，福建省根据大流通思想，加强协调，加快了对公路、铁路、港口、机场、管道运输等相关物流资源的规划整合，推进海、陆、空、铁等多种运输方式的衔接配合、运输资源的优化组合和合理配置，从整体上降低了不必要的物流活动量，实现物流减量化、低碳化发展。主要举措有：①加快对"两集两散"港区的整合建设，整合福州港、宁德港为福州港；整合泉州港、莆田港为湄洲湾港；整合厦门港、漳州港为厦门港，重点推进大型集装箱、大型散货港区码头泊位及其集疏运配套设施建设，同时加快三明陆地港、龙岩陆地港、晋江陆地港等一批综合货运枢纽项目的建设。目前，沿海港口已初具规模效应，"十三五"期间全省沿海港口通过能力近7亿吨，沿海港口具备停靠40万吨级散货船、30万吨级油轮、20万吨级集装箱船、15万吨邮轮及2万吨滚装船的能力[②]。②加快以高速铁路、高速

---

① 张玉景．物流减量化问题研究［D］．泰安：山东农业大学，2007．

② 中国青年网．打造"一带一路"互联互通重要枢纽"海上福建"如何担当使命［EB/OL］．https://news.qq.com/a/20170615/025450.htm?_da0.7505801788065583，2017-06-15．

公路为主干的全省交通走廊建设。截至 2019 年底，全省高速公路通车里程 5347 千米，铁路营业长度 3509 千米，初步形成了由公路、水运、铁路、民航、管道等多种运输方式相结合的综合交通运输体系。③积极发展公铁、公水、海铁、空陆联运。依托向莆、赣龙等铁路，推动公铁联运物流枢纽的建设；推动建立海铁联运协调机制，加快与港口、空港以及公、铁节点功能互动的交通物流基地建设，重点加快推进以福州、厦门集装箱港区为依托的多式联运站场建设。同时，积极引导物流企业（或物流园区管理企业）在铁路货站、空港旁布局公用型物流园区（中心），为多式联运的空间无缝衔接预留发展空间。④推进交通物流公共信息平台建设。2011 年 5 月，福建省开通了纵向对接国家交通运输物流公共信息共享平台，横向对接商贸、钢铁、矿石等其他行业性物流公共信息平台的交通物流公共信息平台。该平台积极打造专门的货运信息集散平台，涵盖车辆信息、货源信息、线路车辆追踪等板块，为供需双方"牵线搭桥"，实现货源和车源的对接交易。通过信息资源的整合，该平台的配送集散能力和物流资源利用率显著提高，社会物流成本也有很大程度上的降低。截至 2018 年 1 月，该平台已在三明兄弟公路港、建宁闽赣物流园、南平德峰公路港等 9 家货运站场试点公路港模式，在盛丰、宏捷等 14 家省内道路运输物流企业试点现代物流管理模式，推进无车承运人业务[①]。

（2）推广应用绿色运输装备，促进低碳物流园区建设

为促进物流业低碳化发展，福建省严把车辆节能减排准入关，加大了绿色运输装备的推广应用，引导企业购置具备先进技术的轻质化车辆及专业化运输车辆。通过改进技术或采用更先进的物流技术手段，减少或降低物流活

---

① 冷链行业咨询. 福建省交通物流公共信息平台开通［EB/OL］.http://www.lenglianqun.com/news-industry/8022.html，2018-01-14.

动对环境的直接污染或侵害。同时，加快推进清洁能源、新能源汽车在道路运输中的应用。2018 年 11 月，福建省政府对外发布《福建省打赢蓝天保卫战三年行动计划实施方案》，指出到 2020 年，全省累计推广新能源汽车 35 万辆，对符合条件的新能源汽车免征车辆购置税，继续落实并完善对节能、新能源车船减免车船税的政策①。2016 年 12 月 14 日，在国网福建电力的推动下，福建省首个高压船舶岸电示范项目在厦门远海集装箱码头正式投运，使该码头成为国内首个真正意义上的全电动、零排放、全自动码头。该项目每年可实现替代电量 150 万千瓦时，减少燃油消耗 300 吨，减排二氧化碳 951 吨、硫化物和氮氧化物共计 4.8 吨②。

在低碳物流园区建设方面，福建省以厦门、福州、泉州三个全国一、二级物流园区布局城市的货运枢纽建设为重点，以生态化、现代化、国际化为目标，加快推进福州保税物流园区、前场铁路大型货场等 15 个综合物流园区，三明公路港等 52 个物流（配送）中心的规划建设。同时，进一步整合沿海港口和晋江、龙岩、沙县、武夷山等 4 个陆地港的资源和功能，细化区域物流园区、公路港发展专项规划，加快推进了福州晋安物流中心、南平闽北公路货运枢纽、泉州晋江陆地港等 11 个交通运输部"十二五"公路货运枢纽（物流园区）规划项目，福州华威公路港物流园、湄洲湾莆田物流园区等 27 个重点项目的建设进度，逐步构建层次清晰、功能完善、衔接顺畅的场站节点体系，支撑现代物流发展。此外，在加快推进综合客运枢纽和公共服务型物流园区规划建设的同时，福建省还积极拓展提升在用运输节点的综

---

① 福建省人民政府. 福建省人民政府关于印发福建省打赢蓝天保卫战三年行动计划实施方案的通知 闽政〔2018〕25 号［EB/OL］.http://www.scio.gov.cn/xwfbh/xwbfbh/wqfbh/39595/41004/xgzc41010/document/1659659/1659659.htm，2018-11-14.

② 福建省交通运输厅. 福建首个高压船舶岸电项目正式投运［EB/OL］.https://www.mot.gov.cn/difangxinwen/xxlb_fabu/fbpd_fujian/201612/t20161216_2140020.html，2016-12-16.

合服务功能，促使综合运输体系中的各运输节点发挥更大效能，进而推动整个运输体系服务质量的提高。

（3）大力推进甩挂运输发展，提高道路货运和物流效率

据世界资源研究所统计，交通运输行业的二氧化碳排放量约占全球总排放量的1/5。据全球最大的上市咨询公司——埃森哲的研究，物流业二氧化碳的排放主要来自运输耗能和仓储中心建筑耗能，所占比例分别为5/6和1/6。为了推动低碳物流在福建省经济社会发展中发挥更大的作用，2011年福建省出台了《福建省促进甩挂运输发展实施意见》，通过政策保障，促进甩挂运输发展；同时，为破解甩挂运输用地及资金难题，2012年福建省交通运输厅制定了试点企业车辆购置补助资金管理政策，扶持一批具有一定规模、具备甩挂作业所需场地、设施设备和信息化运作条件、具有稳定甩挂运输业务需求、能起到一定示范作用、具有代表性的大中型甩挂运输龙头企业发展。截至2014年6月底，福建省有甩挂运输牵引车25304辆、挂车32809辆，比2010年底作为全国试点省份初期时分别增长99.8%、107.8%，拖挂比为1∶1.3[①]。甩挂运输作业的发展，能有效减少牵引车和驾驶员的配置数量，不仅降低了运输资源成本，而且节能减排效果显著。仅2011年，福建省新增车辆就节省了购车资金近2亿元，节省燃耗成本约1.4亿元，减少二氧化碳排放约1.1万吨。据泉州市统计，至2013年泉州市有甩挂运输试点企业5家，其中国家级试点企业3家，省级试点企业2家，试点企业牵引车353辆，挂车599辆，发展公路甩挂运输线路23条，公铁联运甩挂线路7条，线路辐射全国17个省、直辖市和省内各地市。根据初步测算，试

---

① 全国交通新闻联播. 福建：2020年基本建成绿色道路运输服务体系［EB/OL］.https://jt.rednet.cn/c/2014/07/23/3414334.htm，2014-7-23.

点两年间泉州市共节约标准煤 1530 吨，减少二氧化碳排放 3320 吨[①]。据泉州市交通运输的数据显示，2020 年前三季度，泉州市新增（更新）牵引车 77 辆、挂车 171 辆，分别比 2019 年增长 45.28%、56.88%。截至 2020 年 10 月底，甩挂运输车辆拖挂比为 1:1.35，比推广甩挂运输方式初期提高了近 40 个百分点。相比传统运输模式，单车年周转量提高 328%，可节约成本每吨千米约 0.22 元，节约柴油每百吨千米约 1.56 升，燃油消耗节约率 45.5%[②]。

（4）加快解决最后一公里配送，提升城市共同配送效率

据统计，福建省省内商品流通时间的 90% 以上用在仓储、运输、包装、配送等环节上，末端配送成本在物流总成本中的占比高达 30% 以上，大量的社会资源消耗在"最后一公里"的配送上。为解决这一制约城市配送发展的最大瓶颈，福建省在全国城市共同配送试点城市厦门市进行了试点，在完善配送体系、创新配送模式、应用现代技术、深化对台合作等方面取得了突破，显著提高了城市配送效率。据统计，2019 年，厦门市开展电子商务销售的"四上"[③]企业 1002 家，电子商务采购的"四上"企业 507 家，比 2018 年分别增长 31.2% 和 13.9%。至 2019 年末，厦门市共有电商平台 88 个，实现平台交易额 528.21 亿元，比 2018 年同期增长 21.0%，其中商品交易额 372.36 亿元，比 2018 年同期增长 18.0%。可见厦门市电子商务物流需求极为旺盛[④]。为此，厦门在电子商务物流配送网络体系方面积极开展示范建设，

---

① 李碧珍，林湘，杨康隆. 福建省低碳物流发展的实践探索及其模式选择［J］. 福建师范大学学报（哲学社会科学版），2015（01）：36-43.

② 泉州晚报. 泉州市交通运输新业态成绩亮眼 网络货运等货时间缩短为 8 到 10 小时［EB/OL］. http://www.mnw.cn/quanzhou/news/2333745.html，2020-11-06.

③ "四上"企业，包括规模以上工业、有资质的建筑业、限额以上批发和零售业、限额以上住宿和餐饮业、有开发经营活动的全部房地产开发经营业、规模以上服务业法人单位。

④ 厦门市统计局服务业处. 互联网＋模式下厦门电子商务发展现状分析［EB/OL］. http://tjj.xm.gov.cn/zfxxgk/zfxxgkml/tjsjzl/tjfx/202012/t20201231_2510245.htm，2020-12-31.

采用"分拨中心加末端配送站点"配送模式，在陆、空交通枢纽建立分拨中心，建设了厦门医药站闽西南医药配送网络枢纽中心、象屿物流配送中心、万翔冷链物流中心、海西电子商务仓储物流综合服务中心等4大城市及城际配送中心，建成了前场、象屿二期2个服务于城市配送的物流园区，与交易市场相结合的生鲜农产品、冷链、医药等大型物流中心8个；新设立59个片区末端配送站点，共同配送网点覆盖率超过60%，城市配送效率大大提高。这种配送模式有效地减少了城市物流配送环节，大大降低了物流运作的成本。据统计，2020年厦门市累计亿元以上网络销售企业65家，较2019年增加14家；实现网络交易额1805.2亿元，比2019年增长30%[①]，实施城市共同配送企业降低物流成本约20%；医药共同配送率达86%以上，物流费用降低了30%；生鲜农产品共同配送门店物流成本下降5%，农产品价格降低10%~25%。

（5）培育低碳运输发展理念和服务技能，着力完善低碳物流相关政策法规

低碳交通发展已先后列入福建省"十二五""十三五"交通发展规划。福建省以"携手节能低碳，共建碧水蓝天"为主题，全省各级交通运输主管部门和企事业单位围绕活动主题，大力宣传绿色低碳交通运输体系建设成效与经验。立足发挥各交通运输站点、广播和报纸等传统媒体，积极运用微博、微信、手机报等新兴媒体，广泛宣传节能信息和节能方针政策、法规，大力传播绿色循环低碳交通运输发展理念。

2012年以来，福建省人民政府相继出台了《关于加快发展港口群促进"三群"联动的若干意见》《关于支持厦门东南国际航运中心建设十条措施的

---

① 福州新闻网. 厦门电子商务2020年成绩单出炉 网络交易额1805.2亿元［EB/OL］.http://news.fznews.com.cn/dsxw/20210113/5ffea8059d539.shtml，2021-01-13.

通知》《关于加快流通产业发展若干措施的通知》《关于进一步促进民航业加快发展若干措施的通知》《福建省人民政府关于产业龙头促进计划实施方案的通知》等一系列政策，扶持低碳物流相关行业的发展。福建省经贸委、省财政厅加大了物流专项扶持项目资金的安排，并联合福建省发改委制定了《关于推进现代物流业发展行动方案（2012—2015）》。福建省发改委加强了对物流业调整和振兴项目的支持。省交通运输厅出台了货运枢纽场站、物流园区（公路港）建设投资补助资金管理办法，积极支持大型甩挂运输企业的发展，促进中小型物流企业集约化、规模化、规范化经营。福建省外经贸厅加强了对陆地港的政策支持，同时在服务贸易中对物流公共信息平台建设也给予资金补助。福州、漳州、莆田、龙岩、建瓯、大田等市县也先后出台了给予物流相关企业在用地、税收奖励、A级物流企业奖励、项目资金、运输工具、航空物流、信息化、品牌建设、公路港等方面的支持政策。上述政策的相继出台，为低碳物流业的发展营造了良好的政策环境，有利于物流企业做大做强。中国物流与采购网发布的数据显示，截至2019年底，经工商登记的福建省交通运输、仓储和邮政业等物流企业总数达到19662家，近年来以年均新增近1500家的速度增加，这些物流企业注册类别涵盖运输业、装卸搬运和运输代理、仓储业、邮政快递业等多种业态[①]。福建省物流企业呈现本土物流企业和外来知名物流企业、国有物流企业与民营物流企业共同发展的良好格局，促进了福建省物流业整体水平的提升，推动了福建省物流业的健康快速发展。

---

① 福建省统计局. 福建省统计年鉴 2020［M］. 北京：中国统计出版社，2020.

第 2 节　浙江省低碳物流发展现状分析

1．浙江省物流业发展现状

浙江省位于沿海地区，为物流业的发展提供了良好的区位条件，而且浙江省的经济实力和政策的扶持为物流业的发展发挥了重要作用，完善的基础设施建设、物流企业规模的不断壮大以及信息化水平的提高深化了物流业的发展。

浙江省的物流业形成于 19 世纪后期到 20 世纪初，鸦片战争后宁波作为通商口岸之一，大量的外国商品和资本进入浙江，加速了浙江省小农经济的解体。据考证，浙江省近代最早的工人在宁波港口装卸、搬运进出口货物的码头出现[①]。20 世纪初，开办航运、铁路的热潮在浙江省兴起，为物流业的兴起和发展打下了基础。

浙江省的现代物流业形成于 21 世纪初。2001 年，浙江省开始有了以"物流公司"名称登记的企业。虽然也有很多人质疑这些物流公司是否具备真正的物流企业的特点，但至少可以肯定当时确实有一部分企业是按现代物流的理念来构建的。之后越来越多的传统运输企业、仓储企业以及邮政企业等物流企业向第三方物流企业转型，行业之间的界限越来越模糊，产业融合也在不断进行中，物流产业规模不断扩大，经济结构和服务模式逐步优化，对于促进浙江省经济发展和加快产业结构调整起到了积极的推动作用。

---

① 浙江省统计局. 浙江省物流产业发展的现状与趋势［EB/OL］. http://tjj.zj.gov.cn/art/2014/8/27/art_1530863_20981080. html，2014-08-27.

"十二五"以来，浙江省物流业总体呈现积极的发展形态，物流业的产业规模不断扩大，产业结构持续优化，发展水平不断提高。下面将围绕社会物流规模、货运总量、邮政快递业务、物流总费用、物流企业情况等方面重点介绍浙江省的物流发展现状。

（1）社会物流规模持续扩大

2009 年浙江省社会物流总额 5.8 万亿元，2010 年浙江省社会物流总额 8.75 万亿元，年增长高达 51%。2016 年社会物流总额 13.93 万亿元，到 2019 年达到 17.93 万亿元，比 2018 年增长 5.9%，社会物流总额持续增长反映出物流需求的持续增长，如图 4-6 所示 ①。

图 4-6　2009—2019 年浙江省历年社会物流总额

从历年全省社会物流总额构成来看，社会物流总额构成包括工业品物流总额、外省流入货物物流总额、进口货物物流总额、农产品物流总额、再生资源物流总额和单位与居民物品物流总额这六个部分。占比排前三的是工业品物流总额、外省流入货物物流总额和进口货物物流总额。2016 工业品物流总额达 10.7 万亿元，占社会物流总额的 76.88%，同比增长 6.2%，2018 年和 2019 年的占比都保持在 75% 以上。

① 浙江省统计局. 浙江省统计年鉴［EB/OL］. http://tjj. zj. gov. cn/col/col1525563/index. html，2020-12-07.

其次外省流入货物和进口货物，2016 年这两项的物流总额分别为 2.2 万亿元和 0.65 万亿元，占当年物流总额的 15.76% 和 4.69%，2018 年这两项分别占物流总额的 16.54% 和 4.31%。之后是农产品物流、再生资源物流，2016 年总额为 0.23 万亿元、0.01 万亿元，占比分别为 1.65% 和 0.09%，同比增长 18.4% 和 10.7%。其中，单位与居民物品物流总额由 2016 年的 0.13 万亿元增长到 2019 年的 0.31 万亿元，其占比由 2016 年的 0.93% 增长到 2019 年的 1.73%，增长速度最快，反映出由于电子商务的发展与互联网技术的普及，居民的消费行为发生巨大变化，同时受居民消费升级及消费品类多样化发展带动，消费领域物流市场需求继续保持快速增长。网络购物的发展更使得消费者可以随时随地买卖商品，居民的物流应用场景呈现指数级增长。

表 4-4　2016—2019 年浙江省社会物流总额构成

浙江省社会物流总额构成	2016 年	2018 年	2019 年
工业品物流总额占比	76.88%	75.61%	75.29%
外省流入物流总额占比	15.76%	16.54%	—
进口货物物流总额占比	4.69%	4.31%	4.35%
农产品物流总额占比	1.65%	1.83%	—
再生资源物流总额占比	0.09%	0.35%	—
单位与居民物品物流总额占比	0.93%	1.36%	1.73%

浙江省物流业的产业规模呈现持续扩张的趋势。物流业增加值是反映物流业发展的核心指标。近几年浙江省物流业增加值持续上升，2016 年增加值为 4613 亿元，占全省 GDP 增加值的 9.92%，占第三产业增加值比重的 19.22%，同比增长 7.78%，到 2019 年全省物流业增加值 6044 亿元，占 GDP 增加值比重的 9.7%，占第三产业增加值比重的 17.9%。由此可见，物流业已经逐渐成为浙江省经济快速发展的重要力量。

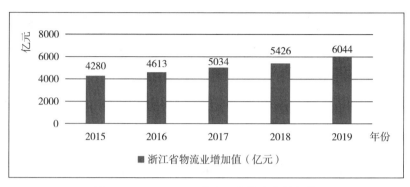

图 4-7　2015—2019 年浙江省物流业增加值

（2）社会物流运行效率显著提高

如下图 4-8 所示，2015 年浙江省社会物流费用 6771 亿元，到 2019 年达到 8938 亿元，增幅平缓，保持在每年 8% ～ 9% 的增幅。但全省社会物流费用与 GDP 的比重逐年下降，由 2015 年的 15.79% 下降到 2019 年的 14.33%，实现连续 5 年下降，可见全省社会物流成本在不断下降，物流运行效率显著提高。但从物流成本看，全省社会物流费用与 GDP 的比重基本在 14% ～ 15% 之间，仍高于发达国家 10% 左右的水平，说明物流业降本增效之路仍然任重道远。

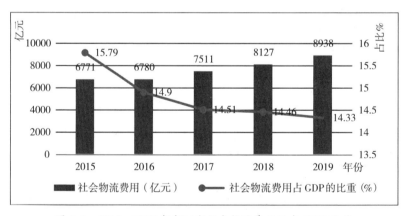

图 4-8　2015—2019 年浙江省社会物流费用及占 GDP 比重

此外，在物流效率稳步提升的总体趋势下，物流市场热点分化导致物流费用结构也有所调整。2016 年，运输费用占社会物流费用的 34.4%，保管费用占 44%，管理费用占 21.6%；2018 年运输费用占社会物流费用的 34%，保管费用占 45%，管理费用占 21%；2019 年运输费用占社会物流费用的 35.3%，保管费用占 44.7%，管理费用占 20%。伴随着物流一体化服务能力的提高，城乡配送、流通加工、包装、保险及信息服务等方面的支出规模持续扩大，运输费用与保管费用占比小幅上涨，而管理费用占比实现连续 3 年下降，这些现象与浙江省物流量越来越大以及物流效率的提高不无关系。

表 4-5　2016—2019 年浙江省物流费用构成情况

年份	运输费用占比（%）	保管费用占比（%）	管理费用占比（%）
2016	34.4	44	21.6
2018	34	45	21
2019	35.3	44.7	20

（3）货运总量和货物周转量稳中有升

表 4-6 反映的是 2010—2019 年浙江省物流业货运量与货运周转量。可见浙江省的货运量和货物周转总体呈现增长的态势。2010 年的货运量为 170563 万吨，2019 的货运量为 288550 万吨，增长了近 70%。与之相对应的货物周转量则表现出更强劲的增长势头，2019 年的货运量为 12391.21 亿吨千米，与 2010 年的货物周转量 7117.04 亿吨千米相比，增长 74%。快速增长的货运量和货物周转量都表明浙江省物流业已进入稳定高速发展的阶段。此外，按运输方式来看，公路货运量最高，其次是水路货运量，最后是铁路和航空货运量。航空货运量由于运费较高，尽管货运量最低，但货运量呈现持续上升态势。货物周转量方面，水路货物周转量最高，其次是公路和铁路货物周转量，航空货物周转量最低，且考虑到统计年鉴中关于航空货物周转量的数据统计

不全，故在表格中没有单独列出。水路货物周转量最高得益于不断增长的物流运输需求以及浙江省港口设施的完善。

表 4-6 2010—2019 年浙江省货运量和货物周转量汇总表

年份	货运量（万吨）				货物周转量（亿吨千米）			
	合计	铁路	公路	水路	航空	合计	铁路	公路	水路
2010	170563	3888	103394	63258	23	7117.04	342.08	1298.71	5476.24
2011	185717	4166	108654	72872	25	8634.82	312.24	1434.82	6887.75
2012	191084	3847	113393	73817	27	9183.3	291.26	1525.59	7366.45
2013	187915	4037	107186	76662	30	8949.57	270.44	1322.13	7357
2014	194918	3548	117070	74267	33	9548.09	223.02	1419.43	7905.64
2015	200711	3332	122547	74797	35	9868.98	212.42	1513.92	8142.64
2016	215018	3332	133999	77646	40	9788.76	211.39	1626.78	7950.58
2017	241993	3513	151920	86513	47	10105.81	215.39	1821.21	8069.22
2018	268530	3728	166533	98219	49	11537.91	221.3	1964.1	9352.5
2019	288550	3936	177683	106878	53	12391.21	235.4	2082.11	10073.71

（4）邮政快递业务量快速增长

浙江省是全国轻工业制造大省、市场大省和外贸大省，为快递行业的发展奠定了坚实基础，也促成了快递行业的迅速崛起。浙江是民营快递萌发地、电商快递启航地和快递创新策源地，自"互联网＋"发展起来之后，电子商务、快递业相互推动、彼此支撑。

表 4-7 反映的是 2011—2019 年浙江省邮政业务情况，如表所示，2011全年邮政业务总量为 150.89 亿元，占全国的 9.4%，之后几年邮政业务总量持续一路上涨，到 2019 年达到 3177.67 亿元，占全国的 19.6%，9 年间邮政业务总量增长 20 倍，占全国的比重增长了 10.2 个百分点。其中，快递业务增长更为迅速，2011 年全省快递服务企业业务量为 49661 万件，到 2019 年全年完成 1326252 万件，快递业务量增长近 26 倍，快递业务量占全国的比重由 13.5% 一路持续上升到 20.9%。值得一提的是，2018 年全省快递业务

量首次突破 100 亿件大关，达到 1011051 万件，占全国的五分之一，位列全国第二，仅次于广东。这个数字相当于江苏、上海、安徽的总和[①]。而且这个数字已接近美国快递业 80% 的规模，是排名世界第三位的日本快递总量的 2 倍。全省快递业务量排名前 5 位的城市依次是义乌市、杭州市、金华市（不含义乌）、温州市、宁波市，其快递业务量合计占浙江省快递业务量的比重达到 80% 左右。

表 4-7　2011—2019 年浙江省邮政业务情况汇总表

年份	邮政业务总量（亿元）	快递业务量（万件）	邮政业务量占全国比重（%）	快递业务量占全国比重（%）
2011	150.89	49661	9.4	13.5
2012	215.2	81987	10.6	14.4
2013	327.94	141953	12.0	15.5
2014	538.75	245745	14.6	17.6
2015	811.01	383146	16.0	18.5
2016	1250.75	598770	16.9	19.1
2017	1728.4	793231	17.7	19.8
2018	2326.2	1011051	18.8	19.9
2019	3177.67	1326252	19.6	20.9

数据来源：中国统计年鉴和浙江统计年鉴

（5）物流业企业数量稳定增长，实力不断增强

浙江省物流行业的蓬勃发展，直接带动了浙江省物流企业的迅速成长。浙江省物流企业发展总体表现为企业数量稳定增长，经营业务不断拓展，实力不断增强。2010 年浙江省有物流法人单位 12629 万余家，3A 级以上物流企业 105 家，占全国总数的 12.27%。原来仅提供单一的运输、仓储服务的物流企业纷纷向提供全方位、多层次、一体化的高品质服务的物流企业转

① 新华网. 浙江省快递业务量突破百亿件大关［EB/OL］. http://www.xinhuanet.com/fortune/2018-12/26/c_1123908141.htm，2018-12-26.

变，从简单的承揽物流业务向根据客户需要开发专业的物流服务转变。公路港、"无水港"、物流金融、物流总包等新业务模式不断涌现。但从总体结构看，小型物流企业居多，从事传统装卸、储存、运输服务的企业依然占很大比重，无序竞争还比较严重。

图 4-9　2010—2019 年浙江省交通运输、仓储和邮政业法人单位数

2016 年浙江省物流法人单位达到 25962 家，就业人数达到 157.92 万人。其中，道路货物运输经营业户 16.21 万户，仍以个体业户为主，A 级以上物流企业达到 530 余家，占全国总数的 13.7%，其中 3A 级以上 371 家，上市物流企业 10 家。到 2019 年物流法人单位增加到 39002 家，是 2010 的 3 倍。从物流中心建设来看，浙江省物流园区快速发展，加快转型升级步伐。在全国公示的物流园区名单中，杭州传化公路港、嘉兴现代物流园、宁波（镇海）大宗货物海铁联运物流枢纽港、义乌港物流园、衢州工业新城物流园区、宁波经济技术开发区现代国际物流园区，6 个物流园区列为国家示范物流园区，数量居全国榜首。说明浙江省物流园区建设模式已经走在全国的前列。

2．浙江省低碳物流发展实践探索

（1）浙江省的低碳物流发展概况

从 2002 年提出建设"绿色浙江"开始，浙江省率先开启生态文明建设先行先试的历程。2012 年，"生态文明建设"首次出现在党的十八大报告中，当年 12 月，浙江省委提出，坚持走生态立省之路，深化生态省建设，加快建设美丽浙江。2016 年 5 月浙江省发改委出台《浙江省低碳发展"十三五"规划》，这是浙江省首个低碳发展规划，也是全国首个发布的"十三五"时期省级低碳发展规划。规划提出，碳排放强度到 2030 年较 2005 年下降 65%以上，碳排放总量得到有效控制，比国家规定提前达到碳排放峰值。在探路低碳发展模式的过程中，浙江省高度重视低碳物流在打造"绿色浙江"中的重要地位和作用，在现代绿色物流体系建设方面进行积极研究和探索，重点打造绿色综合交通运输体系。深入推进绿色交通省试点建设，加快建设客运专线和城际轨道交通，大力发展绿色水路运输，促进客运零距离换乘和货运无缝隙衔接，发展低碳物流，推动各种运输方式协调发展。推动航空、航海、公路运输低碳发展，2020 年实现公路营运车辆、营运船舶单位运输周转量二氧化碳排放比 2015 年分别下降 5.5%、3.4%，港口生产单位吞吐量二氧化碳排放下降 3.3%。全面落实公交优先战略，加大公共交通投入，加快城市轨道交通规划和建设，加强步行和自行车专用道等城市慢行系统建设，鼓励低碳出行，到 2020 年特大城市公共交通分担率达到 45%以上、大城市达到 35%以上、中小城市达到 25%以上。大力推广电动汽车、混合动力、天然气等新能源、清洁能源车辆，到 2020 年节能环保型营运客车、公共汽车占比分别达到 15%、40%。[①]

---

① 浙江省政府办公厅. 浙江省"十三五"控制温室气体排放实施方案［EB/OL］. https://www.sohu.com/a/163969896_771414，2017-08-03.

（2）浙江省低碳物流创新举措及成效

浙江省在推行低碳物流发展方面的创新举措主要有以下几个方面。

一是全面实施公交优先发展战略，持续推进低碳交通发展。2017年杭州、宁波、湖州和金华4市列入国家公交都市创建名单，持续推进省级公交优先示范城市创建工作。全年新增和更新公交车辆2216辆，公共自行车保有量达36.86万辆，城市轨道交通建成83.8千米，续建308.2千米，开工260千米。大力推动交通运输装备低碳化，交通用能结构持续优化。截至2017年底，全省节能环保型城市公交车达1.7万辆，占城市公交车总数的52%。新能源汽车推广数量达22412辆，累计建成充换电站578座、充电桩13871根。持续推进船舶能源替代，大力推广LNG（液化天然气）动力运输船舶和环保型客船应用。建成港口岸电160余套，港口岸电电量超过1.58亿千瓦时，约减排二氧化碳15.78万吨[①]。

二是组织实施城市绿色货运配送示范工程。成功推动台州、温州两市入选2019年交通运输部、公安部、商务部第二批部级城市绿色货运配送示范项目。

该示范项目以建设"集约、高效、绿色、智能"的城市货运服务体系为导向，以进一步优化城市物流配送网点布局建设、加快推广新能源配送车辆、创新优化运输组织模式、培育龙头骨干物流企业等为重点，以推动降本增效、节能减排为目标，围绕示范项目建设的重点内容和总体目标，地方政府有针对性地对示范工程相关项目给予扶持和倾斜。

三是率先实现港口无纸化作业。集装箱进出码头业务有设备交接单、装箱单、小提单三大货物流转重要凭证，需要船公司、货代、车队、港口花费

① 浙江省应对气候变化领导小组办公室. 2017年度浙江省低碳发展报告［R］. 2018-06-13（00008版：专版）.

大量时间进行线下交接，作业流程烦琐、耗时长。2017 年 12 月，宁波市交通运输局和宁波舟山港股份有限公司联手，启动集装箱进出口无纸化项目，致力于解决司机提箱难、物流成本高、物流信息割裂等问题，打造智慧化、数字化的港口集装箱物流链体系。2018 年 4 月，宁波舟山港率先实现进口集装箱设备交接单全程无纸化。2019 年 4 月，宁波舟山港全面实现进出口集装箱全程操作无纸化、物流节点可视化，实现进提箱全程"一码通"。据测算，"全程无纸化"一年可减少集卡司机作业总时长约 700 万小时，节省燃油成本 1.2 亿元，减少二氧化碳排放 4.4 万吨，减少各类单证用纸 6300 万张，折算成经济成本可为物流业降本 1.5 亿元以上[①]。

四是在全国首创开展编制省级绿色物流指数。2019 年 3 月浙江省发改委联合浙江省经济信息中心在全国首创开展编制省级绿色物流指数（以下简称绿指数），该指数包括碳排放物流营收、单位碳排放物流增加值、亩均物流营收等 11 个评价指标。该指数已正式启用，专门针对浙江省内 400 多家不同规模的物流企业进行监测工作，并由浙江省发改委常态化开展指数监测、报送和发布工作，根据数据监控平台获取的物流业低碳绿色发展实情开展定期评估工作，进而形成绿色物流高质量发展行动方案，将物流低碳发展理念倡导并践行到底[②]。

---

① 中央纪委国家监察. 吞舟十万吨　运货六级风　走进"世界第一大港"宁波舟山港［EB/OL］. http://www.ccdi. gov.cn/yaowen/202004/t20200427_216241.html，2020-04-27.

② 浙江省发展和改革委员会服务业处，浙江省物流协会. 2019 年浙江现代物流业发展概况［J］. 浙江经济，2020（08）：40-43.

第 3 节　广东省低碳物流发展现状分析

1. 广东省物流业发展现状

经过 40 年的改革开放，广东省已发展成为经济实力雄厚、开放型经济水平高、现代物流业竞争优势明显的地区之一，无论物流发展还是经济发展，均处于全国领先地位。随着粤港澳大湾区、自贸区等重大战略的深入实施，积极推动物流业降本增效，促进物流业高质量发展是调整广东省经济结构、深化供给侧结构性改革、实现高质量发展的重要支撑[1]。

物流业是融合运输、仓储、货代、信息等产业的复合型服务业，是支撑国民经济发展的基础性和战略性产业。加快发展现代物流业，对于促进产业结构调整、转变发展方式、提高国民经济竞争力和建设生态文明具有重要意义[2]。为贯彻落实《国务院关于印发物流业发展中长期规划（2014—2020 年）的通知》（国发〔2014〕42 号）等文件精神，促进广东省现代物流业健康发展，服务广东经济转型升级和供给侧结构性改革的持续推进，广东省着力强化物流行业布局规划和顶层设计，先后推进一系列现代物流业发展的政策措施，涵盖综合物流、商贸物流、交通运输等方面，物流业政策环境获得了持续改善。如表 4-9 所示。

此外，广东省积极贯彻落实物流业降本增效专项行动实施方案，加快推

---

① 刘刚桥，张庆平，师建华. 广东省物流业发展现状、问题与对策 [J]. 中国经贸导刊，2020，（05）：52-56.

② 广东省人民政府办公厅. 关于印发广东省现代物流业发展规划（2016-2020）的通知 [R]. 广东省人民政府公报，2016-12-05.

进现代物流业健康快速发展，不断优化物流相关的政务办事流程，物流运行效率得到了大幅度提升。一是清理和精简物流行业的行政审批事项。2017年，广东省进一步放宽对物流企业和从业人员资质的行政许可和审批条件；二是继续落实并完善营改增等减税政策，鼓励有条件的物流企业积极申报高新技术企业以享受高新技术企业的相关优惠政策；三是完善广东省电子口岸平台建设，进一步增强通关、检验检疫、结汇等关键环节"单一窗口"的综合服务能力，进一步提升通关效能[①]。广东省自贸区推出国际贸易"单一窗口"、"线上海关"、进出口商品全球质量溯源体系等一批标志性改革，通关效率整体提升 50% 以上，其中"互联网＋易通关"改革是全国首创。

表 4-9　2012.11—2019.3 广东省出台的物流业发展主要相关政策

类型	发布时间	文件名称	发布部门
物流类	2012 年 11 月	广东省物流业调整和振兴规划	广东省人民政府办公厅
	2014 年 11 月	推进珠江三角洲地区物流一体化行动计划（2014—2020 年）	广东省人民政府办公厅
	2016 年 11 月	广东省现代物流业发展规划（2016—2020 年）	广东省人民政府办公厅
	2017 年 6 月	广东省农村物流建设发展规划（2018—2020 年）	广东省商务厅
	2019 年 2 月	广东省农村物流建设发展规划（2018—2022）	广东省商务厅
商贸流通类	2016 年 7 月	广东省推进国内贸易流通现代化建设法治化营商环境的实施方案	广东省人民政府办公厅
	2016 年 9 月	广东省深入推进"互联网＋流通"行动计划的实施方案	广东省人民政府办公厅
	2017 年 4 月	广东省冷链物流发展"十三五"规划	广东省商务厅
交通运输类	2014 年 7 月	广东省绿色港口行动计划（2014-2020 年）	广东省交通运输厅
	2018 年 7 月	广东省综合交通运输体系发展"十三五"规划	广东省发展改革委
	2019 年 3 月	广东省推进运输结构调整实施方案	广东省人民政府办公厅

---

① 　广东省发展改革委. 广东省物流业降本增效专项行动实施方案（2017—2018）粤发改服务〔2017〕391 号［R］. 广州：广东省发展改革委，2017-06-01.

各种利好政策的持续催化，进一步推进物流行业高质量发展，广东省物流经济总量持续增加、物流货运量持续增长、物流单位数快速增长、物流主体供给实力不断增强、物流服务能力显著提升、交通基础设施不断完善、物流运输能力不断增强、物流信息化水平不断提高、物流技术装备明显改善、发展模式不断创新。

（1）物流经济总量持续增加

近年来，广东省物流业发展迅速，已成为广东省经济转型升级、高质量发展的重要支撑和拉动经济增长的先导力量。如表4-10所示，2018年，广东省实现社会物流总额为23.9万亿元，占全国社会物流总额的8.5%。2017年工业品物流总额占比为89.7%，进口货物物流总额占比为8.0%，农产品物流总额占比为1.5%。2018年全年实现物流业增加值为7184.6亿元，占广东省GDP的比重为7.4%，占广东省第三产业增加值比重为13.6%。2018年广东省社会物流总费用为1.38万亿元，物流总费用占GDP比重为14.2%，略低于全国的14.8%[①]。

表4-10　2009—2018年广东省物流业发展经济总量情况

年度	广东省物流总额 （万亿元）	广东省物流总额占全国比重（%）	物流业增加值 （亿元）	物流业增加值占广东GDP的比重（%）
2009	9.8	10.1	2614.5	6.5
2010	11.2	8.9	3055.8	6.6
2011	12.9	8.1	3528.8	6.5
2012	14.7	8.3	4058.1	7.0
2013	16.1	8.1	4300.1	6.8
2014	17	8.0	4601.8	6.7
2015	18.5	8.4	5176	7.0
2016	19.7	8.6	5572.2	6.9
2017	22.6	8.9	6489.3	7.2
2018	23.9	8.5	7184.6	7.4

数据来源：2019年广东省统计年鉴，广东省物流行业协会（经计算整理过）

---

① 刘刚桥，张庆平，师建华. 广东省物流业发展现状、问题与对策［J］. 中国经贸导刊（中），2020（05）：52-56.

从发展趋势看，2009—2018 年这 10 年间，广东省物流总额保持持续稳定增长态势，物流总额年均增长 10.5%，增速高于福建省 GDP 年均增长速度 0.1 个百分点，但占全国比重呈波动下降态势，10 年间下降了 1.6 个百分点；物流业增加值年均增长 11.9%，比广东省 GDP 年均增长速度高出 1.5 个百分点，且物流业增加值占广东省 GDP 的比重呈稳步上升态势，10 年间上升了 0.9 个百分点。相关数据反映出广东省物流业对全省经济增长的贡献率逐步提升。

（2）物流货运总量持续增长

从物流货运量看，2019 年广东省全年货运量 446018 万吨，货物周转量 29230.88 亿吨千米，快递业务量为 1296195.7 万件。见下表 4-11。2009—2019 年间，货运量、货运周转量、港口吞吐量、集装箱吞吐量、民航货物吞吐量、快递业务量均保持快速增长，年均增长分别为 9.5%、19.5%、6.4%、8.2%、7.6%、44.5%，可见各种运输方式的能力不断提升。尤其近两年快递业发展极为迅速，快递业务量在全国占比超过 1/4，快递业务收入在全国占比超过 1/5，广东作为邮政业第一大省的地位进一步夯实。

表 4-11　2009—2019 年广东省物流量供给情况

年份	货运量（万吨）	货运周转量（亿吨千米）	港口吞吐量（万吨）	集装箱吞吐量（万 TEU）	民航货物吞吐量（万吨）	快递业务量（万件）
2009	179722	4942.8	102761	3050.2	158.5	42206.5
2010	205034	5933.9	122258	4360.1	198.4	59107.5
2011	234978	7113.3	133704	4614.3	204	75689.7
2012	266359	9780.6	140776	4763	213.6	133770 5
2013	328138	12212.6	156373	4951.1	226.8	210670.3
2014	353732	15020.9	165455	5325.9	246.3	335555.9
2015	349832	14667.4	171109	5512.1	260.3	501335
2016	377645	22032.3	179924	5728	284.4	767241.6
2017	400601	28192.2	198015	6226.7	301.3	1013468
2018	424996	28644.8	211037	6446.8	319.2	1296195.7
2019	446018	29230.88	191819	6710.76	329.75	1680594.05

从货物运输量占全国比重看，2009—2019 年期间，货运量、货运周转量、港口吞吐量、快递业务量在全国占比均呈现不同程度的提升。见图 4-10。货运周转量占全国比重提升最快，由 2009 年的 4.05% 提升至 2019 年的 14.66%；其次是快递业务量，其占全国比重持续波动上升，由 2009 年的 22.72% 提升至 2019 年的 26.46%，10 年间上升 3.7 个百分点。2015 年开始，货运周转量占全国比重增速陡增，由 8.22% 增长到 14.66%，究其原因，可以归结到 2015 年以来以"互联网＋"为代表的新产业、新业态、新商业模式蓬勃发展带动货运周转量的猛增。

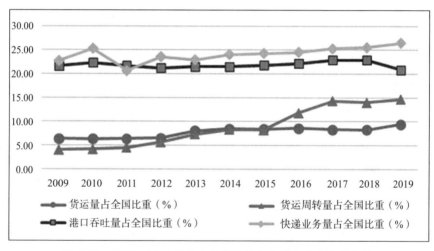

图 4-10　2009—2019 年广东省货运量占全国比重变化趋势图

2．物流主体供给实力不断增强，物流服务能力显著提升

2010 年以来，广东省物流企业数量持续激增，物流服务能力显著提升，物流企业的品牌的认同度不断提升。如图 4-11 所示，2010 年广东省物流企业法人单位数（以交通运输、仓储和邮政业企业单位数统计）20046 家，继而一路呈上升趋势，到 2019 年达到 77587 家，比 2010 年增长 287%。其中 2018 年物流企业法人单位数增长率最高，达到 46.6%。此外，物流服务能力

显著提升，如表 4-12 所示，A 级及以上物流企业数不断增多。A 级物流企业
从 2009 年的 79 家增长到 2019 年的 374 家，5A 级企业由 6 家增加到 30 家。
截至 2018 年底，广东省共有 A 级物流企业 340 家，其中 5A 级物流企业 28
家，比 2009 年分别增长了 3.3 倍、3.7 倍，A 级物流企业占全国的 6.8%，5A
级物流企业数量占全国（310 家）的 9.0%，数量居全国前列，并涌现了顺
丰、宝供、安得、南方、招商局、广东省航运集团等一批物流领军企业。截
至 2019 年底，全省共有 A 级物流企业 374 家，其中 5A 级 30 家、4A 级 172
家、3A 级 153 家、2A 级 13 家、1A 级 6 家。

图 4-11　2010—2019 年广东省物流企业法人单位数

表 4-12　2009—2019 年广东省 A 级物流企业情况

企业数	2009 年	2010 年	2014 年	2015 年	2016 年	2017 年	2018 年	2019 年
A 级企业数（个）	79	83	192	216	235	296	340	374
5A 级企业数（个）	6	7	18	20	21	24	28	30

数据来源：广东省物流行业协会（经整理）

4．交通基础设施不断完善，物流运输能力不断增强

"十三五"末，广东省的交通基础设施总体已达到国内领先水平。2019 年公路通车里程为 22 万千米，与 2010 年相比增加了 4 万千米（见表 4-13），其中等级公路里程比重为 96%，高于全国水平 4 个百分点，高速公路通车总里程达到 9495 千米，比 2018 年增加 493 千米，居全国第一。高速公路密度为 5.28 千米／百平方千米，居全国第四，铁路营业里程为 4825 千米，内河通航里程为 12111 千米，港口码头泊位数为 2398 个，其中万吨级泊位有 322 个，民用载货汽车拥有量达到 238 万辆，民用航空航线里程达到 306 万千米。

表 4-13　2010—2019 年广东省交通基础设施建设情况

年份	铁路营业里程（千米）	公路通车里程（万千米）	等级公路里程比重（%）	民用载货汽车拥有量（万辆）	公路营运载货汽车吨位数（万吨）	内河通航里程（千米）	民航航线里程（万千米）
2010	2297	19.0	89.5	148	337	13596	181
2011	2555	19.1	90.4	160	477	13596	167
2012	2557	19.5	90.9	170	432	13780	185
2013	3203	20.3	91.9	179	506	12096	214
2014	3818	21.2	92.9	182	503	12150	229
2015	3859	21.6	93.3	175	502	12150	237
2016	4265	21.8	93.8	183	539	12150	255
2017	4307	22.0	94.0	196	579	12108	280
2018	4630	21.8	96.1	218	610	12111	277
2019	4825	22.0	96.0	238	675	12111	306

从基础设施占全国比重看，2019 年广东省铁路营业里程、公路通车里程、民用载货汽车拥有量占全国比重、公路营运载货汽车吨位数占全国比重分别为 3.45%、4.39%、8.55%、4.97%。从占比的变化趋势看（见图 4-12），除铁路营业里程占比稳步提升外，公路通车里程、民用载货汽车拥有量、公路营运载货汽车吨位数占比呈不同程度下降，这主要是近年广东省大力发

展高速铁路的原因所致。"十三五"收官之年，广东省综合交通运输体系已基本形成了以高铁为骨干的铁路网络。2020年《广东省铁路货运"十四五"发展规划》的出台，为广东省实现铁路货运高质量发展大计又注入了新的活力。

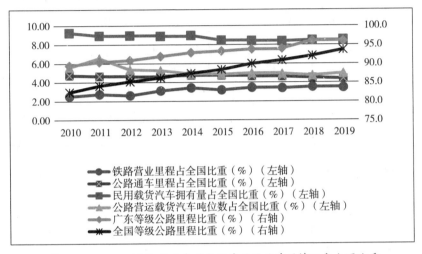

图 4-12 2010—2019年广东省交通基础设施建设情况占全国比重

5．物流信息化水平不断提升，物流技术装备明显改善

近年来，随着物联网、大数据、云计算和人工智能等新技术在物流领域的应用不断深入，广东省物流信息化建设步伐也不断加快，物流技术装备明显改善。

2018年，广东省每百家企业拥有网站数为60个，有电子商务交易活动企业数比重为9.8%，电子商务销售额达到27829.9亿元，互联网宽带接入端口达到8149.1万个，接入用户数达到3667.6万户（见表4-14）。与全国相比，广东省每百家企业拥有网站数比全国多4个，但有电子商务交易活动的企业数比重比全国低0.2个百分点，互联网宽带接入端口、互联网宽带接入用户占全国比重分别为 9.4%、8.8%[①]。

表 4-14　2013—2018 年广东省信息化建设情况一览表

年份	每百家企业拥有网站数（个）	有电子商务交易活动的企业数占比（%）	电子商务交易额（亿元）	互联网宽带接入端口（万个）	互联网宽带接入用户（万户）
2013	63	7.7	10279.1	3325.2	2081.7
2014	67	8.9	12992.6	3597.7	2174.1
2015	67	11.5	13783.7	4765.5	2285.2
2016	66	11.6	17595.1	6515.6	2850.6
2017	64	9.7	23191.5	6482.3	3288.2
2018	60	9.8	27829.9	8149.1	3667.6

数据来源：历年国家统计局、广东省统计年鉴（经整理）

2013 年以来，广东省重点建设现代产业 500 强项目，南方现代物流公共信息平台（中国首个跨区域、跨行业、综合性、国际化物流信息平台）、南方物联网示范工程、宝供第三方物流信息平台、林安物流信息交易平台等一批信息平台项目投入使用，智慧港、智慧仓等物联网项目相继投入运营，有效地促进了物流行业信息交换和共享，物流信息化水平不断提升[②]。此外，物流企业积极推广应用专用物流装备和先进物流技术，提高了物流运行效率。

6．广东省低碳物流发展实践探索

自哥本哈根世界气候大会召开以来，"低碳"几乎得到了全世界的认

---

① 刘刚桥，张庆平，师建华. 广东省物流业发展现状、问题与对策［J］. 中国经贸导刊，2020（05）：52-56.

② 广东省人民政府办公厅. 广东省现代物流业发展规划（2016-2020）粤府办〔2016〕120 号［R］. 广州：广东省人民政府办公厅，2016-11-21.

同。广东作为全国第一经济大省，自 2010 年成为全国首批低碳试点省份以来，在低碳减排方面勇担重任，积极调整能源结构，采取多种措施提升减排意识，推动低碳经济的发展，超额完成了"十二五"的节能降耗目标。然而，在广东省各行业能源消耗中，物流业的能源消耗历年占比都达到 10% 以上。《广东省现代物流业发展规划（2016—2020 年）》中提出"倡导绿色物流理念，积极发展低碳物流"[①]，中国政府承诺到 2020 年，要在 2005 年的基础上减排二氧化碳强度 40%~45%，这也必将分解到广东省低碳物流的发展战略当中[②]。

（1）广东省低碳物流发展典型案例

广东南方物流集团是国家 5A 级现代综合物流与供应链管理服务企业，也是"中国物流百强企业""广东省企业 500 强"。广东南方物流集团的业务范围主要包括综合物流解决方案、物流园开发与运营、城市共同配送、电子商务物流、供应链金融、危险品物流及港口物流[③]。

广东南方物流集团积极响应国家低碳经济发展战略，先行先试，投资建设广东状元谷电子商务物流产业园（简称状元谷园区，见图 4-13），并积极探索低碳物流园区发展的新路子。状元谷园区定位为华南区货物集散中心和珠三角配送中心，该项目始终践行低碳节能环保理念，努力打造国家级低碳生态示范园区，做好环境保护、景观工程的建设，实现了资源、能源的节约高效利用。此外，充分发挥该园区的典型引领作用，广泛传播物流园区低碳生态理念，引领低碳生态发展潮流，积极创造更大的社会经济效益。

---

①　胥爱霞. 广东省物流业低碳化发展策略探析［J］. 江苏科技信息，2017（27）：8-10.

②　张敏，张高锋，黄冠，等. 广东低碳物流发展的调查研究——以珠三角为例［J］. 物流技术，2015，34（22）：196-200.

③　佚名. 低碳物流园区建设与运营创新实践［J］. 中国物流与采购，2017（08）：56-61.

图 4-13　广东状元谷电商物流产业园

①状元谷物流园主要功能

状元谷电商物流产业园的两大功能主要表现在对外辐射功能和内部功能。

功能一，对外辐射功能。该园区地处综合运输网络节点，交通十分便利，在货源地、目的地、集散地、运输方式的接驳等方面都表现出巨大的优势。可以帮助用户缩短运输距离、提高运输效率，仅车辆周转率的提高就能将运输能耗降低 8% 以上，这个成绩在物流运输领域是相当突出的，可见节能减排效果明显。为了实现这个目标，园区将黄埔港、广州铁路货站、公路货运场站及珠三角机场的有效对接作为重点考虑内容，开辟了专门的合作渠道，此外为了更有效地发挥综合运输的节点效应，在园区内部建设上专门设计了各类集装箱装卸位、跨境监管、代码与信息系统共享等功能，极大地发挥了该园区作为物流节点在综合运输效率方面的地位和作用，进而大幅度地实现了运输方式的优化组合、运输距离的缩减和运输一体化的联运目标。

功能二，内部功能。在规划和建设上，体现"高定位、高起点、高标准"的原则，主要建设内容包括资源节约、能源节约、环境保护、景观工程 4 个方面，全方面体现该园区内部建设的低碳发展功能。

资源节约方面：在功能布局和空间利用上，设施方案始终贯穿"高效集约利用土地，破解空间难题"的理念，一期工程以 2.5 ～ 3.0 的容积率（是一般物流园区建设容积率的 5 倍）建设多层仓库，综合考虑生态、采光、通风、能耗、舒适度等诸多因素，采取组合式建筑结构，并有效利用空间，建设立体仓库、仓库连桥、组合装卸位等，彻底改变了传统物流园区单层仓库、大堆场、大停车场的浪费局面。同时，园区建设了水资源循环利用系统，循环水基本可以保证园区的绿化灌溉、景观瀑布、环境卫生、加湿作业、冷却、洗车等用水，并且园区所有的供水龙头都采用了节水自动控制技术，节水效果十分显著。

能源节约方面：园区各主体建筑在设计上采用了多项新技术、新设备和新工艺来保证节能效果，比如，大型仓库用水帘风压降温取代传统的空调降温；重点考虑电梯、叉车、装卸升降台、无负压供水等运输设施和装卸设备的节能功能和能耗控制；使用节能灯具及自动感应节电控制；创造性地设计建设了空中花园办公区，最大限度地利用自然光和风达到节能目的。此外，园区还规模化建设了光伏发电系统、太阳能路灯系统和新能源充电系统，并采用节能监控系统对所有能源消耗进行监测控制，实施能耗控制目标责任制。

环境保护方面：状元谷园区的功能定位是高端包装类产品的仓储物流，因此对环保要求特别严格。如亚马逊的入驻企业与环保相关的指标要求甚至高达 138 项，如温度、湿度、通风、噪声、粉尘、烟雾、气味等方面，园区环境指标均已达到国际先进标准。园区对进出车辆的排放标准也有较高的要求，并且通过提高装卸效率和车辆周转率来提高运输效益，实现节能减排。

景观工程方面：状元谷园区是名副其实的花园式生态园区，建有空中花园办公区、庭院式停车场、绿化防护林、景观瀑布、景观休闲区、园区绿道、屋顶绿化和阳台花木等。同时，结合园区地貌特点，建有大型山岭体防护工程，有效保护了生态环境；为避免周边化工产业对园区造成影响，建设有约 1000 米长、15 米宽的绿色防护林带，有效阻挡了废气的侵袭。

②状元谷低碳物流园的创新点

状元谷园区在低碳理念的指导下，通过建筑物的选型、选址来充分利用自然风、自然光，通过使用新能源、水循环来减少碳排放，利用新材料、新工艺来减少对能源的需求，实现了绿色配置的集成，一定程度上减少了对自然环境的负面影响。其主要创新点体现在以下三个方面。

一是技术创新。创新成果在技术层面实现了多项"首次"突破：首次在我国亚热带地区大型仓储建筑中成功运用了蒸发冷却降温设施，实现了仓库库房降温能耗降低 40%；首次采用了节能环保型虹吸式雨水系统；首次在大型仓储建筑中采用高效围护结构热桥阻断构造、塑脂 EPMC、发泡水泥防火保温板等新型环保功能建材或构造；首次在大型仓储建筑中采用外幕墙超薄型石材蜂窝铝板组合、路面施工新工艺。

二是管理创新。管理创新主要体现在以下几个方面。组织领导：成立了低碳生态园建设领导小组、能源监控管理小组、运营管理创新领导小组等多个相关的组织领导机构，设立节能监控、环保监控专职岗位。制度建设：建立健全管理制度。状元谷园区的主要相关制度包括园区能源监控管理制度、运营管理、安防管理、安全生产管理、消防控制室管理、特种设备使用、货运车辆安全生产、货运车辆岗位安全职责、物业与环境管理，以及节能环保目标责任制。能力建设：园区建有企业能源管理中心和节能减排监测系统。实现系统性节能降耗的管控一体化，对能耗、环境进行实时监控、数据分析、能耗预警、能效对标、能耗预测等。宣传培训：园区经常开展节能环保宣传培训，除对园区广泛开展宣传外，每年还接待超过 300 批次、20000 多人的参观交流。项目信息化建设水平：状元谷园区建有一卡通智能化管理系统、智能化车辆管理系统、视频安全监控系统、中央广播系统、园区智能管理中心、智能管理公共服务平台，打造高端智能化基地，完全实现了无纸化办公。

三是运输创新。运输创新主要体现在以下几个方面。优化运输路径：加强信息共享，优化物流配送路径，合理选择运输路线，大幅减少运输过程中的碳排放量。尽量选择直达运输，较少中转，提高运输速度。采用低碳运输体系：物流企业的车辆空载率较高，并伴有返程或起程空驶、重复运输、运力选择不当以及运输时效性低等问题，也造成了碳排放的大幅增加。园区采用国际上通用的综合运输方式，充分发挥各运输优势的优越性，协调整个运输过程，从而减少整个物流运输系统的运营成本和碳排放量。此外，对物流园区进行合理规划和运营管理，可以让园区的交通状况得到根本改善，从而逐步实现减少污染、改变传统高碳经济模式的目的。

③状元谷低碳物流园建设的重大意义

物流园区的建设是当今经济可持续发展的重要组成部分，状元谷低碳物流园区的建设与运营对物流行业的可持续发展具有重要意义[①]。

首先，从物流园区建设借鉴层面看，状元谷物流园区在项目建设中注重低碳物流发展，推动了产业集聚发展，有效降低了园区能耗，为园区物流低碳化发展提供了良好的示范效应，成为绿色物流场站的标杆和商务集聚发展的典范。

---

① 王旭光.广州云埔电子商务园区：创建绿色低碳电商产业高地［R］.国际商报，2020-08-19（05）.

其次，从区域低碳物流发展层面来看，状元谷物流园区为区域建设节能环保物流园区起到了示范效应。其全方位打造的低碳生态示范园区，将会成为"低碳广东、生态广东"一张靓丽的名片，为广东省建设低碳节约型社会起到积极的推动作用。

最后，从社会物流场站低碳建设层面来看，状元谷物流园区注重对需求资源的整合，集聚多家企业的各种物流需求，在园区实现"无缝对接"；整合多家专业物流企业和社会车辆，提供"全而优"的物流服务综合体；通过各类设施配合、功能衔接、流线组织等方面的规划设计，优化园区内部运营，降低碳排放。总之，状元谷物流园区的成功经验值得国内其他相关物流园区借鉴和学习。

（2）广东省低碳物流发展现状

①广东省物流业能源消耗情况

通过对广东省历年来物流业生产总值和能源消耗量的相关统计数据进行整理分析，发现该省物流业能源消耗占全省能源消耗总量的比重一直保持在11%左右，而物流业生产总值占全省地区生产总值的比重不到4%（具体数据见表4-15），物流业的能源消耗与其所做经济贡献明显不匹配，低碳物流水平与发达国家相比还存在很大的差距。2010年以来，物流业生产总值占地区生产总值的比重呈缓慢下滑趋势，与之相反，物流业能源消耗总量占地区能源消耗总量的比重却缓慢上升，从2010年的10.28%上升到2019年的11.17%，上升了近1个百分点。

表 4-15 2010—2019 年广东省交通运输、仓储和邮政业
生产总值及能源消费量统计

年份	地区生产总值（亿元）	物流业生产总值（亿元）	比重（%）	地区能源消耗总量（万吨标准煤）	物流业能源消耗总量（万吨标准煤）	比重（%）
2010	45944.62	1670.49	3.64	27195.14	2796.90	10.28
2011	53072.79	1889.87	3.56	28479.99	2796.90	9.82
2012	57007.74	2100.81	3.69	29144.01	2950.94	10.13
2013	62503.41	2237.3	3.58	30179.70	3385.94	11.22
2014	68173.03	2490.13	3.65	29593.26	3034.23	10.25
2015	74732.44	2662.73	3.56	30145.49	3152.46	10.46
2016	82163.22	2877.45	3.50	31240.75	3510.58	11.24
2017	91648.73	3166.69	3.46	32341.66	3607.82	11.16
2018	99945.22	3363.48	3.37	33330.30	3708.77	11.13
2019	107671.07	3466.42	3.22	34141.89	3814.82	11.17

②低碳运输方面的情况

广东省低碳运输方面的情况主要表现为以下几个方面。

第一，运输能耗大、空载率高。据调查，广东省所有物流企业现行的运输方式中，因为公路运输的灵活性最高，且受到铁路运输满负荷的运作和水路受地理位置局限性的限制，使得大部分物流企业不得不选择高排放、高能耗的公路运输，因此公路货运量在所有运输方式中居于首位。而由于物流企业的规模相对较小，为了节省成本，企业的空驶率大多在 30% 以下，但仍有 47% 的企业空驶率在 30% ～ 50%。

此外，广东省物流营运车辆所使用的能源主要有柴油和汽油，73% 的物流企业使用柴油，而 27% 的物流企业使用汽油，使用其他能源的甚少。调查显示，广东省 49.31% 的企业的营运车辆每 100 千米的平均耗油量在 10 ～ 20L；28.47% 的企业平均耗油量在 20 ～ 30L；20% 的企业平均耗油量

在 30L 以上，平均耗油量在 10L 以下的不足 1%。

第二，物流业低碳运输能力不足。通过对运输行业碳排放数据进行计算可知，承担公路货运的车辆每年使用柴油、汽油等燃料的碳排放量占广东省物流业碳排放总量的 65% 以上。尽管广东省的新能源汽车销量在逐年上升，但由于动力及连续性等问题，其主要使用领域是出租与家庭，还没有应用到物流行业。此外，在货运车辆中，厢式货车数量占比不到 50%，集装箱运输车辆的数量更是不足 5%，低碳运输能力不足[①]。

③低碳仓储与配送方面的情况

笔者调查发现，广东省约 62% 的企业的仓储运作模式以手工作业为主，对信息的处理很少能做到计算机化。以手工作业为主的方式不仅降低了工作效率，还增加了企业的物流成本，而且会影响企业的物流服务水平，甚至还可能因为信息不畅导致车辆利用不合理，增加企业的碳排放量。由于大部分物流企业规模小，对低碳不太重视，因此有超过七成的企业在仓储过程中未使用节能设备，足以证明大多数企业，低碳意识薄弱，没有对"低碳理念"引起相应的重视。

①　胥爱霞. 广东省物流业低碳化发展策略探析［J］. 江苏科技信息，2017（27）：8-10.

第 4 节　闽浙粤地区低碳物流发展 SWOT 分析

上文分别就闽浙粤三省物流业发展状况和低碳物流发展现状进行了详细分析，本节将从区域物流的视角，来探讨整个闽浙粤地区低碳物流发展面临的优势、劣势、机会和威胁，为后文闽浙粤地区低碳物流发展战略的提出打下理论基础。

1．闽浙粤地区低碳物流发展的优势分析

（1）区位优势明显

闽浙粤三省地处中国东南沿海，拥有快速便捷的海陆空交通，内河水运网络发达，沿海深水港海岸线绵长，港口资源丰富。截止到 2019 年年底，福建全省公路通车里程 109785 千米，铁路营业长度 3509 千米，有 3245 千米内河通航航道，已形成以厦门港、福州港为主要港口，湄洲湾港、泉州港为地区性重要港口的分层次港口布局；浙江全省公路通车里程 120662 千米，铁路营业里程 2777 千米，有 9766 千米内河通航巷道，沿海港口主要有舟山港、温州港、台州港和嘉兴港，拥有泊位数 3700 余个[①]，其中舟山港堪称全国乃至全球货物吞吐量第一大港；广东全省公路通车里程 220290 千米，铁路营业里程 4825 千米，内河通航里程 12111 千米，全省海岸线长达 8500 千米，占全国海岸线的三分之一以上，码头泊位合计 2398 个，万吨级码头泊位合计 322 个，码头泊位长度 252587 米，基本形成了以广州港、深圳港、

---

① 中国港口年鉴委员会. 中国港口年鉴 2020 [EB/OL]. https://www.yearbookchina.com/navibook-YZGAW.html，2021-01-18.

珠海港、汕头港、湛江港五大沿海主要港口和佛山港、肇庆港两大内河主要港口为龙头，辐射华南、西南，面向全球的港口发展格局。这使得闽浙粤三省可以充分利用区位优势来促进低碳物流发展。

（2）产业集群和园区建设、物流枢纽优势

闽浙粤地区分布着海西城市群、长三角城市群、闽南城市群、粤东城市圈、珠三角城市群等大大小小各类城市合体，拥有密集的产业集群网络；闽浙粤作为"一带一路"倡议、自由贸易试验区战略、21世纪海上丝绸之路中的重要省份，加强建设全省乃至全国性物流枢纽，积极组织申报国家物流枢纽布局承载城市，目前福建省福州、厦门、泉州、三明4个设区市和平潭综合试验区，浙江金华、义乌入选国家物流枢纽承载城市，被列为国家物流枢纽布局承载城市，广东总计布局了13个五大类型国家物流枢纽承载城市。另外，国际物流中心、承担国际物流集散功能的集装箱中转站库或保税仓等也有了一定的发展。

（3）物流市场需求持续旺盛

闽浙粤各类物流企业数量迅速增长，企业数量居全国前列，反映出物流市场需求持续旺盛。2019年浙江省已有39002家各类物流企业，其中24051家涉及道路运输，8521家从事多式联运和运输代理业，3164家从事装卸搬运和仓储业，1442家从事水路运输；福建省已有19662家各类物流企业，其中约11239家涉及道路运输，4341家从事多式联运和运输代理业，1731家从事装卸搬运和仓储业，1206家从事水路运输；广东省的各类物流企业数量更是高达77597家，全省共有A级物流企业374家，其中5A级30家，4A级172家、3A级153家、2A级13家、1A级6家。

（4）物流基础设施较为完备

目前，闽浙粤三省基本形成了由公路、水路、铁路、管道和航空等组成的多经济成分、多层次、多系统共同发展的综合运输体系。拥有覆盖面广的物流设施网络，同时创新服务模式和提升科技水平，建立动态监管体系，营造良好市场环境，推动闽浙粤三省交通运输供给侧结构性改革取得新的突破，全面推进物流业"降本增效"；积极打造综合物流枢纽，积极衔接国家级物流枢纽布局规划，建设并完善一批功能齐全的综合物流枢纽，统筹推进物流基础设施建设，实现各种运输方式的无缝对接；加快了港口资源整合，港口竞争力明显提升，打造连接"一带一路"的国际航运枢纽。另外，近年来在仓储、配送设施方面的投资规模快速增长，先进物流技术及无人仓、智能机器人、无人配送车等智能先进设备设施已经在一些大型物流企业投入使用并发挥巨大效能。

2．闽浙粤地区低碳物流发展的劣势分析

（1）低碳物流相关法律法规还不健全

近年来闽浙粤物流业发展迅速，但相关法律法规体系建设尚不健全，尤其是与低碳物流发展相关的法律法规不健全。目前我国与物流发展相关的法规主要有三种类型：第一种类型主要是国家层面的物流政策法规，如国家发改委印发的促进物流业转型升级和提质增效的政策措施意见；第二种类型是专门针对行业发布的法规及政策，如关于交通运输业、货运、仓储、快递等行业的政策法规；第三种类型是物流业发展规划，如国务院印发的《物流业中长期发展规划（2014—2020 年）》。相关法律法规体系尚不健全，严重制约了闽浙粤三省低碳物流业的发展。

（2）物流技术设备落后，物流环节高碳现状明显

低碳物流是在现代物流基础上发展起来的，其对物流技术的要求更高。就目前闽浙粤低碳物流改造进程来看，尽管近十年来闽浙粤三省低碳物流发展取得了一定成效，但由于受全国大环境物流行业技术水平不高的影响，低

碳物流技术的研发和应用水平比较低。物流企业的运营绩效、操作水平、技术创新、营利能力等得到一定程度上的提升，但不少企业物流低碳化意识还较为薄弱，物流技术设备还比较落后，自动化设施和信息化管理手段没有得到普遍应用，仓储、运输交通工具耗能高、环保性能低下的问题还较为突出，商品包装材料及包装方式的重复利用性、可降解性低……由此反映出物流环节高碳现状明显。

（3）相关激励约束机制缺乏，制约低碳物流发展

闽浙粤目前在低碳物流发展方面并没有建立相关激励约束机制，机制的缺失一定程度上制约了低碳物流的发展。从激励机制来看，政府相关部门对企业主动开展低碳化业务流程改造等，没有建立奖励机制；在对物流企业资质认证方面，没有建立低碳物流资格认证体系等。从约束机制来看，低碳物流早期运作成本更高，许多中小型企业缺乏长远意识和主动实现低碳化的动力。一些物流企业的运输车辆仍然是国二、国三排放标准的车辆，但政府相关部门对此监管不严、处罚力度不够。

（4）低碳物流经营理念和专业人才缺乏

一方面，当前国内整个物流市场竞争相当激烈，企业发展尚停留在低成本、抢市场阶段，管理者对低碳物流经营理念认知有限，闽浙粤也不例外。对于低碳物流如何保证效益，如何解决低碳成本和收益之间的矛盾，众多企业还是顾虑重重，始终持观望态度。另一方面，基于我国物流业发展起步较晚，物流业尤其是低碳物流专业人才非常少。尽管国内不少高等院校开设了物流专业，但在低碳物流专业课程设置上仍属空白，相应人才培养严重缺失。物流行业就业门槛低、工作环境差、工作时间长等成为毕业生就业的普遍性顾虑。一边是低碳物流人才紧缺，一边是毕业生就业困局，双重压力给低碳物流的发展带来了更大的挑战。近年来，"海峡西岸经济区""生态文明

示范区""一带一路""海洋经济强省"等发展战略的提出，为闽浙粤经济发展注入了活力，增添了动力，相应地对物流人才提出了更高要求，迫切要求提高低碳物流经营理念认知，培养复合型专业性物流人才，破解制约闽浙粤低碳物流快速发展的难题。

3．闽浙粤地区低碳物流发展的机会分析

（1）低碳物流发展相关政策的陆续出台

我国对低碳物流发展高度重视，先后出台一系列法律法规和规划指导低碳物流发展。从"十一五"规划到"十四五"规划，"绿色""低碳""节能"等内容多次出现在规划文件中。有数据表明，"十三五"规划纲要，100 多次提到"环境"，40 多次提到"绿色"，30 多次提到"节能""低碳"[①]。由此表明我国积极践行绿色发展理念、坚持节约资源、环境保护的坚定决心。此外，2009 年出台的《物流业调整和振兴规划》要求物流业注重节约能源、保护环境，减少废气污染和交通拥堵，实现经济和社会可持续协调发展。2017年交通运输部出台《关于全面深入推进绿色交通发展的意见》，党的十八大、十九大报告也曾多次提到绿色低碳的战略。闽浙粤也积极响应国家政策，纷纷出台了一系列推动低碳物流发展的政策和法律法规（本章前 3 节已提及，在此不再赘述），相关扶持政策的陆续出台，必定给低碳物流业插上腾飞的翅膀，助推闽浙粤地区低碳物流的发展。

（2）国际国内物流需求快速增长

伴随着经济全球化，各国物流业已经不仅仅局限在本国，而是突破了国界与国际贸易紧密结合。我国自实施"一带一路"倡议、自由贸易试验区战略、21 世纪海上丝绸之路倡议以来，闽浙粤积极利用发展契机，全面深化

---

① 　王子侯，乔雪峰. 坚定引领全球气候治理进程［R］. 人民日报，2016-04-24（02）.

与东盟、港澳台地区的交流合作，国际物流市场规模不断扩大。此外，新型城镇化进程的加快也催生了许多生产性、生活性物流需求。国际国内物流需求快速发展对于闽浙粤地区低碳物流的发展既是机遇又是挑战。

（3）资源环境约束日益加强

随着社会物流需求大增、能源和环境压力变大，传统物流运作模式已经不再适应时代的发展要求，迫切需要寻求新突破。按照建设生态文明的要求，必须加快运用先进运营管理理念，不断提高信息化、标准化和自动化水平，促进一体化和网络化经营，大力发展绿色物流，推动节能减排，切实降低能耗、减少排放、缓解交通压力。面对资源环境约束日益加强的社会现状，闽浙粤更应该紧跟国家低碳发展思路和步伐，积极探索低碳物流发展道路。

（4）低碳物流的广泛宣传

闽浙粤三省在提高企业、公民低碳意识方面做了不少努力，效果显著。比如，浙江省在《"十三五"控制温室气体排放实施方案的通知》[①]中积极倡导的低碳生活方式包括了交通出行方式的低碳化、树立绿色低碳的价值观和消费观、弘扬以低碳为荣的社会新风尚。广东省举办以"绿色发展、节能先行"为主题的节能宣传周活动，组织动员社会各界积极参与，普及生态文明、绿色发展理念和知识，形成崇尚节约、合理消费与绿色环保的社会风尚，推动普及绿色生产生活方式，通过电视、广播、报纸等各种群众喜闻乐见的宣传形式，广泛动员全社会参与节能降耗，并通过向社会发出绿色发展倡议，号召社会各界以实际行动减少能源资源消耗和污染排放，为建设"绿色广东"做出应尽责任和积极贡献。福建省生态环境厅特别策划"美丽中

[①] 浙江省政府办公厅. 浙江省"十三五"控制温室气体排放实施方案的通知［EB/OL］. https://www.sohu.com/a/163969896_771414，2017-08-03.

国，我是行动者"主题实践活动之"我承诺，一起践行'公民十条'"线上互动活动，进一步深入传播《公民生态环境行为规范（试行）》，倡导形成简约适度、绿色低碳的生活方式。

4．闽浙粤地区低碳物流发展的威胁分析

（1）自然资源禀赋的挑战

"富煤、少气、缺油"的自然禀赋决定了我国区域能源生产与消费结构主要以煤炭为主，目前我国化石能源消费比例占 92%，其中煤炭占 70%、石油占 18%、天然气占 4%，我国区域对煤的依赖远远高于世界上的其他国家。美国煤炭、石油、天然气的消费比例分别为 32%、30%、25%，全世界天然气的消费比例在 24% 左右，石油在 30% 左右。在产生同等热量的前提下，煤、石油、天然气排放二氧化碳的比例大致为 5：4：3。到 2050 年，化石能源在能源结构中的占比为 50% 左右，这种能源消费结构对闽浙粤地区低碳物流的发展带来了巨大挑战和威胁。

（2）人口和物流需求增长的挑战

联合国人口基金会 2019 年 11 月发布的《世界人口状况报告》指出：过去人口过快增长和人类活动是导致温室气体排放量增长 40%～60% 的主要原因。国际气候专家小组于 2020 年在《美国国家科学院院刊》上首次发表了"针对人口变化对全球碳排放影响的全面评估报告"，其结论是缓慢的人口增长模式能降低碳排放量。闽浙粤近年来加快推进新型城镇化建设战略，城镇集聚能力不断增强，城镇人口数量逐年增长，工业化进程加快，对物流的需求也不断增加。以广东省为例，2010 年底常住人口 10440.94 万人，到 2019 年上升到 11521 万人，10 年间人口数增加 1080 万人，货运量、货运周转量、港口吞吐量、快递业务量均保持快速增长，年均增长分别为 9.0%、

19.4%、5.1%、45.1%。可见，人口数量、物流需求持续增长对于闽浙粤低碳物流发展也带来了巨大的挑战和威胁。

（3）产业结构的挑战

产业结构是指各个产业占所有行业的比重，是区域经济结构的重要组成部分。各地区产业结构的调整都是一个动态的过程，总的变动趋势是逐渐由第一、第二产业向第二、第三产业转移。产业结构调整对低碳经济影响很大，三次产业的发展都会增加二氧化碳的排放量，但单位产出所增加的排放量会逐次减少。以英国为例，第一、第二、第三产业每增加1%，所导致的二氧化碳的排放量分别增加1%、0.4%、0.02%。目前闽浙粤地区产业总体特点是第二产业仍占主体，第三产业占比稳步提升，第一产业劳动力过剩。闽浙粤能源密集型工业如机械制造、钢铁、建材等在经济中的比重仍然较高，由此产生的物流需求仍然维持在一个较高的水平，势必会影响低碳物流的发展。尽管闽浙粤在持续推动产业结构调整和企业转型升级，但要迎来彻底的转变还需要一个较长的过程。所以当前产业结构对低碳物流发展运行压力极大。

（4）低碳物流技术和资金的挑战

低碳物流发展离不开低碳物流技术和资金的支持。低碳物流技术可以是硬技术也可以是软技术。提高闽浙粤低碳物流能力需要攻克关键的低碳物流技术领域，这需要大量的资金投资于低碳物流技术的研究与应用。低碳物流技术和资金对于闽浙粤低碳物流发展也同样带来了巨大的挑战和威胁。

本章小结

本章主要围绕闽浙粤地区的低碳物流发展现状进行梳理分析。首先，重点分析了闽浙粤三省的物流发展现状，通过大量统计数据的整理和分析发现，福建省物流发展表现为物流需求规模持续扩大、物流运营成本缓慢下降、物流业发展水平逐步提升、货物运输能力不断提升；浙江省物流发展呈现社会物流规模持续扩大、社会物流运行效率显著提高、货运总量和货物周转量稳中有升、邮政快递业务量快速增长、物流业企业数量稳定增长，实力不断增强等特点；广东省物流发展则可以概括为物流经济总量持续增加、物流货运总量持续增长、物流主体供给实力不断增强，物流服务能力显著提升、交通基础设施不断完善，物流运输能力不断增强、物流信息化水平不断提升，物流技术装备明显改善。其次，分析了闽浙粤三省在低碳物流发展方面的相关政策、举措、发展模式以及成功案例，为推动区域乃至全国物流业低碳转型提供参考。最后，针对闽浙粤地区低碳物流发展开展了 SWOT 分析，剖析区域低碳物流发展存在的优势、劣势、机会和威胁，为后文闽浙粤低碳物流发展战略和建议的提出做好铺垫。

第五章

闽浙粤地区低碳物流能力
综合分析

笔者 2015 年曾公开发表《基于模糊物元法的海西区域低碳物流能力评价实证研究》[①]一文，本章将在此篇论文的基础上进行延伸和拓展，系统深入地分析闽浙粤地区低碳物流能力。本章关于低碳物流能力综合分析的模型和方法同样适用于闽浙粤三省乃至全国区域低碳物流能力的综合分析，具有通用性和普遍性。

第 1 节　低碳物流能力影响因素选取的方法

要想综合分析和评判闽浙粤地区的低碳物流能力，必须明确低碳物流能力的影响因素。低碳物流能力影响因素是研究低碳物流能力相关因子的一种概念性的思维导向，对低碳物流能力指标体系的构建也具有指导意义。影响低碳物流能力有诸多因素，每种因素对低碳物流能力的影响程度也不同，各影响因素之间有机联系在一起，通常伴有隶属关系、影响关系、因果关系等。因此，本章通过频度统计、理论分析、咨询、决策实验室分析法、问卷等方式获得影响因素的相关信息，并对影响因素进行结构分析，理顺低碳物流能力各影响因素之间的相互关系，进而找出低碳物流能力的关键影响因素。

1．频度统计法

通过文献检索的方式找出与低碳物流能力影响因素相关的期刊、学位论文、报告等，对所有提到的影响因素进行频率统计，选择使用频率高的影响因素。

[①] 周容霞，安增军. 基于模糊物元法的海西区域低碳物流能力评价实证研究 [J]. 福建江夏学院学报，2015（1）：28-35.

2．理论分析法

针对低碳物流的内涵、特点以及研究的主要问题，进行深入的比较分析，最终选择对低碳物流能力有重要影响的因素，并对这些影响因素进行归纳总结。

3．德尔菲法

首先根据频度统计法和理论分析法初步提出低碳物流能力的各影响因素，然后对提取的影响因素寻找业内相关专家进行咨询，为了保证影响因素的科学性，专家的人数应确保大于 30 人，待获取专家的建议后再对影响因素进行扩充和完善。

4．决策实验室分析法

决策实验室分析法[①]（Decision-making Trial and Evaluation Laboratory，简称 DEMATEL），通过图论和矩阵工作进行系统分析，从而确定影响因素间的因果关系和每个因素在系统中的地位。

---

① 韩崇，孙力娟，郭剑. 基于决策实验室法的教学质量评价因素研究［J］. 计算机时代，2017（07）：74-77.

第 2 节 低碳物流能力综合评价指标体系建立的原则

区域低碳物流能力评价指标体系的构建直接关系着评价结果的好坏，但指标体系之间又具有差异性和相关性，如何选择评价指标成为研究重点之一。为研究闽浙粤地区低碳物流能力，在建立其评价指标体系时应遵循以下原则。

1．科学性

指标选取是进行区域低碳物流能力评价的最基础工作，因此，指标的设计要有科学依据。指标体系设计要建立在相关物流理论和分析模型的基础上，选择的指标要能够反映区域低碳物流发展的真实情况，能够综合评价区域低碳物流的能力。

2．系统性

区域低碳物流的定义本身就是一个多元而复杂的系统，在建立指标体系时要有逻辑性，充分考虑各指标间的内外关系、相互联系，以及各自的侧重，对研究区域进行指标归纳，进而选择、分类及划分层次，建立一个结构清晰的评价体系，能客观全面地反映低碳物流能力的内涵。

3．可行性

数据是对物流能力进行定量分析的基础，由于我国物流方面数据和资料相对不足且缺乏统一管理，因此在选取指标时要适当取舍，选择易于收集且来源可靠的原始数据。同时，选取指标时要考虑其对于分析模型的适用性，数据要易于测算和分析，方便后期进行横向、纵向的比较分析。

4．实用性

评价指标体系的建立，要以实用性为原则，分析的结果要有理论意义和实际意义。开展区域低碳物流能力综合分析旨在帮助闽浙粤三省正确认识自身在低碳约束下的物流能力以及与其他区域之间的差距；对影响区域低碳物流能力的主要因素进行科学定量的分析，为促进区域低碳物流的发展提出对策。

5．潜能性

已有文献对区域物流能力的研究大多停留在发展现状和已取得成绩的评价上，对提升区域低碳物流发展潜力起重要作用的指标考虑较少，虽然这些指标对当前的区域低碳物流实力没有明显的影响，但却会影响区域低碳物流在未来一段时间内的发展趋势和拓展能力。因此，在构建区域低碳物流能力评价指标体系时，除了要考虑实力性指标外，还需考虑潜能性指标。

第3节　低碳物流能力综合评价指标体系构建

区域低碳物流能力指标体系的构建本身是一项庞大而复杂的系统工程。为使研究成果更为准确可靠，笔者深入研究了低碳物流发展的影响机理，结合国内外低碳物流发展的相关研究成果，对影响低碳物流能力的因素进行归纳分析，筛选出低碳物流能力评价指标体系中的各级指标。然后邀请在低碳物流领域长期从事研究的专家学者、物流企业的经营管理者及一线的工作人员，对初选的指标进行筛选和增补，并达成一致意见，最终确定从低碳物流环境条件、低碳物流实力条件、低碳物流发展潜力和物流业低碳水平等4个方面来构建评价指标体系，如图5-1所示：

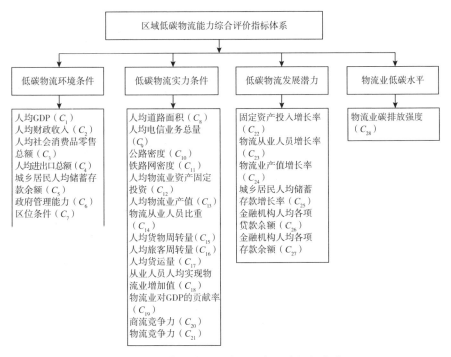

图5-1　区域低碳物流能力综合评价指标体系

1．低碳物流环境条件

一个地区的低碳物流环境条件在影响和提升一个地区低碳物流能力方面发挥着巨大作用。其中，最显著的影响因素包括经济环境、政策环境和地理环境。

（1）经济环境。一个地区的经济环境采用人均GDP、人均财政收入、人均社会消费品零售总额、人均进出口总额、城乡居民人均储蓄存款余额等5个指标来衡量，各指标的值可以通过历年统计年鉴中的相关数据计算获得。其中：

$$人均财政收入＝财政收入总额/人口总数$$

公式中地方财政收入总额是指一般预算收入范围内的有关收入项目，包括增值税、营业税、企业所得税、个人所得税、城市维护建设税、资源税等。

（2）政策环境。政策环境可以通过政府的管理能力这一指标来反映。在参考历年《中国城市竞争力蓝皮书》《中国省域经济综合竞争力报告》中专家对各省、各大城市的打分情况及浙江省政府综合能力评价指标体系[①]的基础上，结合各地区物流发展规划和物流发展政策，邀请福建江夏学院、福建行政学院、福建省发展和改革委员会、福建省统计局、福建省城市经济研究会等院校和机构的多位专家进行打分（10分制评分），最后将各专家所打分数进行简单算术平均，即可得到各地区政府管理能力的评价分值。

（3）地理环境。用区位条件来反映，包括自然地理条件（地形、气候、河流等）和社会经济条件（自然资源、交通、军事、政治等）。其分值同样通过专家打分来确定。

---

① 贺珊. 地方政府公共服务质量评价研究——以浙江省48个区县为例［D］. 杭州：浙江大学，2007.

2．低碳物流实力条件

低碳物流实力条件能够表征一个地区低碳物流业的实际竞争力，也是影响低碳物流能力的内在因素之一。文中选取物流基础设施设备、物流产业效率和物流产业规模来体现低碳物流实力。考虑到目前在国内官方统计的产业分类体系中，物流业并没有作为独立的行业列出，因此物流业相关的统计数据采用交通运输、仓储和邮政业之和来近似代替。

（1）物流基础设施设备。用人均道路面积、人均电信业务总量、公路密度、铁路网密度、人均物流业资产固定投资等统计数据较完备的指标来衡量。其中，公路密度是指每百平方千米的公路总里程数，铁路密度是指每百平方千米的铁路总里程数，相关数据均可通过福建省交通运输行业发展统计公报、历年统计年鉴的数据计算求得。

（2）物流产业效率。共选取 4 个关键指标，包括从业人员人均实现物流业增加值、物流业对 GDP 的贡献率、商流竞争力和物流竞争力。各指标对应的计算公式如下：

从业人员人均实现物流增加值=物流业增加值/物流业从业人数

物流业对GDP的贡献率=（物流业增加值/地区内GDP总量）×100%

商流竞争力=社会消费品零售总额/批发零售业固定资产投资

物流竞争力=货运量/（交通运输+仓储+邮电通信业）固定资产投资

3．低碳物流发展潜力

低碳物流发展潜力用来衡量一个地区在低碳物流竞争过程的后续发展能力。采用物流业投入增长能力、物流业产出增长能力、物流业需求潜力等测度指标来反映。其中，物流业投入增长能力用物流业固定投入增长率和物流从业人员增长率来衡量；物流业产出增长能力可以用物流业产值增长率来表征；物流业主要服务于制造、建筑及零售业，本应围绕这几方面来建立指标体系，但考虑到在前面的指标构建中已包含了零售业和国民经济指标，为了避免评价指标的重复选取而影响评价结果，故选取城乡居民人均储蓄存款增长率、金融机构人均各项贷款余额、金融机构人均各项存款余额等来衡量一个地区的物流业发展潜力。

4．物流业低碳水平

物流业低碳水平用一个地区的物流业碳排放强度来反映。对应计算公式为：

$$物流低碳水平=碳排放量/物流业产值①$$

关于城市碳排放量测算的方法相对较多，目前最广为接受和认可的方法是用能源消耗量和碳排放系数的乘积来测算碳排放量。该方法最早是由徐国泉、刘则渊[②]等人提出的，故本文采用徐国泉等人的算法。即：

$$碳排放总量E = \alpha E_c + \beta E_o + \gamma E_g$$

E_c 为煤炭消耗的标准煤量，E_O 为石油消耗的标准煤量，E_g 为天然气消耗的标准煤量，α、β、γ 分别表示煤炭、石油、天然气的碳排放系数[③]（煤炭：0.7476；石油：0.5825；天然气：0.4435；单位：吨／吨标煤）。物流业的能源消耗量可以通过各地区的统计年鉴的数据获得。

---

① 周叶，王道平，赵耀. 中国省域物流作业的 CO_2 排放量测评及低碳化对策研究［J］. 中国人口·资源与环境，2011（09）：81-83.

② 徐国泉，刘则渊，姜照华. 中国碳排放的因素分解模型及实证分析：1995—2004［J］. 中国人口·资源与环境，2006，16（06）：158-161.

③ 国家统计局. 2008 年中国能源统计年鉴［M］. 北京：中国统计年鉴，2008.

第 4 节　低碳物流能力评价方法的选择

在第 3 章第 3 节中笔者已经总结归纳了目前应用比较普遍的几种综合评价方法，并针对综合评价方法的基本原理和思路、优缺点进行了对比分析。正如任何事物都有它的两面性一样，每种评价方法都有它的产生背景，难免存在着局限性和不足之处。尽管现有的不少综合评价方法较好地考虑和集成了综合评价过程中的各种定性和定量信息，但在实际应用中仍无法摆脱评价专家主观上的不确定性及认识上的模糊性。如果仅仅用一种方法进行评价，其结果很难令人信服。因此，学术界提出了"组合评价"的研究思路，即通过各种方法的组合，达到取长补短的效果。本章主要采用模糊物元评价法作为低碳物流能力综合分析的方法，此外，还辅以决策实验室分析法（DEMATEL）和变异系数法。DEMATEL 主要用于低碳物流能力指标体系中各指标的选择，变异系数法主要用于指标权重的确定。

第 5 节　模糊物元评价方法的原理和步骤介绍

1．模糊物元评价方法的基本原理

在科学发展的进程中，数学的精确性被发挥得淋漓尽致，正如美国著名数学史家 M·克莱茵所说，数学的精确性能对社会需要而提出的各类问题给予最完美的解决。事实上，客观世界中的许多事物无法精确描述，因此"模糊数学"诞生了。所谓模糊数学，是以模糊集合为基础建立的一整套理论和应用方法，用来解决诸如"模式识别""聚类分析""系统评估""预测分析"和"决策分析"等一系列的模糊问题。于是，模糊现象和传统数据就结合并融为一体了。通过把传统数学引入具有模糊现象的领域，用精确的数学方法去描述和研究模糊问题，去处理复杂的系统问题，使得模糊数学的适用范围更加广泛[①]。

物元分析[②]是我国著名学者蔡文教授于 1983 年首创的一门描述事物模糊性的介于数学与试验之间的科学分析方法，该方法被广泛应用于定性定量相结合的多指标问题中。它是由事物 N，特征 C 和特征 C 的量值 V 构成的三元有序组，即 $R=(N, C, V)$，此三元组称为物元。物元分析是研究物元及其变化规律，并用此解决现实世界中的不相容问题。

如果物元中的量值带有模糊性，便构成了模糊不相容问题，处理这类问题，需要把模糊数学和物元分析这两门学科的内容有机结合起来，融化提

---

① 李柏年. 模糊数学及其应用［M］. 合肥：合肥工业大学出版社，2007.

② 蔡文. 物元分析［M］. 广州：广东高等教育出版社，1987.

炼和交叉渗透，从而获得了解决模糊不相容问题的一种新方法，该方法称为
"模糊物元分析"。模糊物元分析广泛应用到社会、经济、科学、工程技术等
领域来解决多因素排序决策问题。比如，广东省环保部门曾用此法做出全省
环境投资的决策方案，取得了显著的经济效益和社会效益[①]。

　　区域低碳物流能力综合分析的指标体系中，不少指标的量值也带有模糊
性，要比较闽浙粤地区的低碳物流能力，本身便构成了模糊不相容问题，因
此，用模糊物元法对闽浙粤地区低碳物流能力开展实证分析并进行低碳物流
能力排序是现实可行的。实证分析结果有助于闽浙粤三省明确自身发展低碳
物流的优势和短板，明确今后低碳物流发展思路，发挥自身优势，补短板强
弱项，加快实现物流业绿色低碳高质量发展。

2．模糊物元法计算步骤

　　模糊物元法应用于多因素排序方面的方法步骤如下：

　　（1）建立排序决策方案的物元

　　将排序决策方案的事物、特征和量值用有序三元组来描述，即用事物
M_i，特征评价指标 C_i，量值 X_{ij} 来构成物元（$i=1, 2, \cdots, m$；$j=1, 2, \cdots, n$. 下
同）。m 个事物的 n 个特征所构成的复合模糊物元表示如下：

$$
R_{mn}=
\begin{bmatrix}
 & M_1 & M_2 & \cdots & M_m \\
C_1 & x_{11} & x_{21} & \cdots & x_{m1} \\
C_2 & x_{12} & x_{22} & \cdots & x_{m2} \\
\cdots & \cdots & \cdots & \cdots & \cdots \\
C_n & x_{1n} & x_{2n} & \cdots & x_{mn}
\end{bmatrix}
\tag{5-1}
$$

---

① 张斌，雍歧东，肖芳淳. 模糊物元分析［M］. 北京：石油工业出版社，1997.

（2）确定指标的隶属度

排序实质是指标衡量标准的优劣确定。指标通常可以分为成本型和效益型指标两大类。成本型指标是指标值越小越好的指标（俗称负指标或逆向型指标）；反之即为效益型指标（俗称正指标或正向型指标）。这两类指标的隶属度的计算公式如下：

$$成本型指标\mu_{ij} = \frac{\max x_{ij} - x_{ij}}{\max x_{ij} - \min x_{ij}} \tag{5-2}$$

$$效益型指标\mu_{ij} = \frac{x_{ij} - \min x_{ij}}{\max x_{ij} - \min x_{ij}} \tag{5-3}$$

式（5-2）和式（5-3）中，$\max x_{ij}$ 和 $\min x_{ij}$ 分别表示排序决策方案中每一项指标所对应量值 x_{ij} 的极大值和极小值。

（3）建立模糊物元排序方案矩阵

在物元分析中，可以用模糊隶属度值代替关联系数值，建立关联系数的模糊物元：

$$\tilde{R}_{mn} = \begin{bmatrix} & M_1 & M_2 & \cdots & M_m \\ C_1 & \mu_{11} & \mu_{21} & \cdots & \mu_{m1} \\ C_2 & \mu_{12} & \mu_{22} & \cdots & \mu_{m2} \\ \cdots & \cdots & \cdots & \cdots & \cdots \\ C_n & \mu_{1n} & \mu_{2n} & \cdots & \mu_{mn} \end{bmatrix} \tag{5-4}$$

（4）确定各指标的权重

在确定指标权重时，为了克服 AHP、专家经验判断、综合赋权等方法的主观性，本文采用变异系数来确定指标权重。计算过程如下：

第一步，对决策方案的物元决策矩阵 $\tilde{R}_{mn} = (\mu_{ij})_{n \times m}$，首先计算决策矩阵第 j 个指标的均值 $\bar{\mu}_j$：

$$\bar{\mu}_j = \frac{1}{m}\sum_{i=1}^{m}\mu_{ij} \ (j=1,\ 2,\ \cdots,\ n)\ ; \tag{5-5}$$

第二步，计算第 j 个指标的均方差 D_j：

$$D_j = \sqrt{\frac{1}{m}\sum_{i=1}^{m}(\mu_{ij}-\bar{\mu}_j)^2}\ (j=1,\ 2,\ \cdots,\ n)\ ; \tag{5-6}$$

第三步，计算第 j 个指标的变异系数 $\delta_j = \dfrac{D_j}{\bar{\mu}_j}$； $\tag{5-7}$

最后，将变异系数进行归一化处理，用 δ_j' 表示，即可得到各排序指标的权重值 w_j，其对应的权重矩阵用 w 表示，$w=(\ w_1\quad w_2\quad \cdots\quad w_j\ )$。

（5）计算关联度并最终确定排序结果

利用式（5-4）和之前求得的权重矩阵 w，计算关联度并确定多因素指标排序的最终结果。

对应公式：关联度 $R_c = w\tilde{R}_{mn}$。 $\tag{5-8}$

其中，w 为排序指标的权重值向量，$\tilde{R}_{mn}$ 为关联系数的模糊物元。

第6节　闽浙粤地区低碳物流能力综合评价分析

1．问题描述

本节旨在根据模糊物元理论及其建立的区域低碳物流能力综合评价指标体系，对东南沿海发达省份闽浙粤地区低碳物流能力进行综合分析。文中所用到的各地区低碳物流相关数据主要来源于各省统计部门公布的统计年鉴；统计部门收集数据主要针对的是可以为客户提供运输、货运代理、仓储、配送等多种物流服务，且具备一定规模的物流企业，这些企业在完成物流活动时会充分考虑经济和环境双重效益，引进低碳技术、设备、搭建信息化平台，科学规划各个环节，形成了一种低碳物流发展模式。此外，区域低碳物流能力指标中涉及的一定时期均指"年"，也就是说每个指标／企业数据的收集都是以同一年为时间单位。

2．实证分析

根据模糊物元理论及其建立的区域低碳物流能力综合评价指标体系，基于东南沿海发达省份闽浙粤三省历年来的统计年鉴资料，按照模糊物元评价方法的步骤来对以上三省 2010—2019 年的低碳物流能力进行量化分析。考虑到各省历年来低碳物流能力综合分析的步骤是相同的，为了避免重复表述，仅以我国首个生态文明先行示范区——福建省为例进行步骤的详细介绍。

（1）构建复合模糊物元表

围绕图 5-1 中列出的 28 个二级指标，对闽浙粤三省低碳物流能力的相关指标数据进行数据收集计算和量化处理工作（如表 5-1、5-2、5-3 所示）。把年份作为事物，各二级指标作为特征指标，各特征指标值作为量值，构造复合物元。由于 2010 年之前的相关统计数据获取不完整，故选取 2010—2019 年的数据作为研究对象，数据经计算整理如表 5-1 所示。

表 5-1　福建省低碳物流能力综合评价量化指标（2010—2019 年）

指标	2010 年	2011 年	2012 年	2013 年	2014 年	2015 年	2016 年	2017 年	2018 年	2019 年
人均 GDP（万元 / 人）	4.08	4.83	5.41	5.98	6.58	7.02	7.68	8.69	9.85	10.71
人均财政收入（万元 / 人）	0.31	0.40	0.47	0.56	0.62	0.66	0.69	0.72	0.76	0.77
人均社会消费品零售总额（万元 / 人）	1.63	1.92	2.22	2.53	2.85	3.20	3.54	3.94	4.36	4.76
人均进出口总额（万元 / 人）	1.99	2.49	2.63	2.78	2.86	2.73	2.67	2.96	3.14	3.35
城乡居民人均储蓄存款余额（万元）	2.19	2.44	2.80	3.14	3.31	3.63	3.90	4.24	4.64	5.27
政府管理能力	8.00	9.00	9.00	9.00	9.00	9.00	9.00	9.20	9.10	9.30
区位条件	8.00	9.00	9.00	9.00	9.10	9.20	9.20	9.20	9.20	9.30
人均道路面积（平方米 / 人）	12.58	13.46	14.13	13.40	13.61	14.62	14.52	14.98	20.59	21.37
人均电信业务总量（万元 / 人）	0.31	0.12	0.14	0.15	0.18	0.22	0.15	0.23	0.51	0.81
公路网密度（千米 / 百平方千米）	73.40	74.45	76.34	80.27	81.60	84.34	86.09	87.11	87.82	88.54

续表

指标	2010 年	2011 年	2012 年	2013 年	2014 年	2015 年	2016 年	2017 年	2018 年	2019 年
铁路网密度（千米/百平方千米）	1.70	1.70	1.82	2.21	2.22	2.58	2.58	2.57	2.83	2.83
人均物流业固定资产投资（万元）	0.37	0.37	0.45	0.45	0.52	0.65	0.69	0.75	0.84	0.87
人均物流业产值（万元/人）	30.45	31.45	32.45	33.45	34.45	35.45	36.45	37.45	38.45	39.45
物流从业人员比重（%）	2.46	2.55	2.34	2.41	2.53	2.47	2.41	2.32	2.57	2.52
人均货物周转量（万吨·千米）	0.81	0.92	1.03	1.04	1.26	1.42	1.57	1.73	1.94	2.09
人均旅客周转量（万人次·千米）	0.18	0.19	0.21	0.21	0.24	0.24	0.25	0.28	0.29	0.30
人均货运量（吨/人）	17.91	20.23	22.52	25.63	29.37	28.93	31.07	33.82	34.76	33.65
从业人员人均实现物流业增加值（万元）	1.15	1.20	1.60	1.51	1.41	1.70	1.72	2.88	2.80	2.40
物流业对GDP的贡献率（%）	5.64	4.94	4.67	4.35	4.16	4.14	4.00	3.87	3.56	3.50
商流竞争力	39.26	41.52	41.48	32.99	28.37	23.99	33.11	21.79	18.41	36.82
物流竞争力	49.03	54.36	50.23	57.50	56.08	44.41	44.95	45.26	41.41	38.68
固定资产投入增长率（%）	32.78	2.61	21.38	0.09	18.50	25.47	7.09	9.10	13.20	4.50

续表

指标	2010年	2011年	2012年	2013年	2014年	2015年	2016年	2017年	2018年	2019年
物流从业人员增长率（%）	9.56	2.89	10.27	-3.75	20.43	2.34	1.96	0.21	10.15	-5.34
物流业产值增长率（%）	8.81	4.61	6.45	3.88	5.96	6.96	6.71	10.52	5.11	7.87
城乡居民人均储蓄存款增长率（%）	13.60	11.13	15.00	11.97	5.28	9.80	7.57	8.62	9.38	13.72
金融机构人均各项贷款余额（万元/人）	4.12	4.88	5.66	6.49	7.47	8.37	9.38	10.35	11.46	12.94
金融机构人均各项存款余额（万元/人）	4.96	5.66	6.48	7.43	8.08	9.27	10.14	10.94	11.34	12.27
物流业碳排放强度（万吨/亿元）	0.05	0.05	0.05	0.05	0.06	0.06	0.05	0.06	0.07	0.07

数据来源：2010—2020《中国统计年鉴》和《福建省统计年鉴》（经计算整理）

用 $M_1 \sim M_{10}$ 分别表示 2010—2019 年的 10 个年份，$C_1 \sim C_{28}$ 分别对应 28 个二级指标，C_{ij}（i=1，2，…，10；j=1，2，…，28）表示指标量值，则建立的复合模糊物元表如式 5-9 所示。

$$R_{10,28}=\begin{bmatrix} & M_1 & M_2 & M_3 & M_4 & M_5 & M_6 & M_7 & M_8 & M_9 & M_{10} \\ C_1 & 4.08 & 4.83 & 5.41 & 5.98 & 6.58 & 7.02 & 7.68 & 8.69 & 9.85 & 10.71 \\ C_2 & 0.31 & 0.40 & 0.47 & 0.56 & 0.62 & 0.66 & 0.69 & 0.72 & 0.76 & 0.77 \\ C_{28} & 0.05 & 0.05 & 0.05 & 0.05 & 0.06 & 0.06 & 0.05 & 0.06 & 0.07 & 0.07 \end{bmatrix} \quad (5\text{-}9)$$

（2）建立关联系数的模糊物元决策矩阵

利用式（5-1）和式（5-2），借助 SPSS 17.0 对式（5-9）进行计算处理，可得指标的从优隶属度（除第28个指标，即物流业碳排放强度属于负指标外，其余指标均为正指标），并建立关联系数的模糊物元表，如下：

$$
\tilde{R}_{10,28}=\begin{bmatrix}
 & M_1 & M_2 & M_3 & M_4 & M_5 & M_6 & M_7 & M_8 & M_9 & M_{10} \\
C_1 & 0 & 0.113 & 0.201 & 0.287 & 0.377 & 0.443 & 0.543 & 0.695 & 0.870 & 1 \\
C_2 & 0 & 0.196 & 0.348 & 0.543 & 0.674 & 0.761 & 0.826 & 0.891 & 0.978 & 1 \\
\vdots & \cdots & \cdots & \cdots & \cdots & \cdots & \cdots & \cdots & \cdots & \cdots & \cdots \\
C_{28} & 1 & 1 & 1 & 1 & 0.5 & 0.5 & 1 & 0.5 & & 0
\end{bmatrix} \quad (5\text{-}10)
$$

（3）确定各指标的权重，得到排序指标的权重值

同样利用 SPSS 17.0 分别求 28 个指标量值的均值、均方差及变异系数，并经归一化处理，得到各排序指标的权重值，如下：

$$
w_j=\delta'_j=\begin{bmatrix}
\delta_1 & \delta_2 & \cdots\delta_3 & \delta_4 & \delta_5 & \delta_6 & \delta_7 \\
0.034 & 0.036 & 0.035 & 0.022 & 0.033 & 0.021 & 0.020 \\
\delta_8 & \delta_9 & \delta_{10} & \delta_{11} & \delta_{12} & \delta_{13} & \delta_{14} \\
0.032 & 0.041 & 0.041 & 0.027 & 0.026 & 0.036 & 0.032 \\
\delta_{15} & \delta_{16} & \delta_{17} & \delta_{18} & \delta_{19} & \delta_{20} & \delta_{21} \\
0.035 & 0.032 & 0.041 & 0.032 & 0.043 & 0.042 & 0.052 \\
\delta_{22} & \delta_{23} & \delta_{24} & \delta_{25} & \delta_{26} & \delta_{27} & \delta_{28} \\
0.034 & 0.056 & 0.040 & 0.034 & 0.033 & 0.033 & 0.057
\end{bmatrix} \quad (5\text{-}11)
$$

（4）确定最终排序结果

将式（5-10）、式（5-11）的结果带入式（5-8），可得到关联度向量：

$R_c=w_{1\times28}\tilde{R}_{28\times10}=\begin{bmatrix} 0.321 & 0.355 & 0.413 & 0.481 & 0.497 & 0.502 & 0.529 \end{bmatrix}$ 0.587 0.662 $0.716 \end{bmatrix}$。由关联度向量的大小，可得到福建省 2010—2019 年低碳物流能力的综合排序情况，即 $M_{10}>M_9>M_8>M_7>M_6>M_5>M_4>M_3>M_2>M_1$，说明福建省近年实施的低碳物流减排工作成效还是相当显著的。按照同样的方法（原始数据略），可以求得浙江、广东两省 2010—2019 年的低碳物流能力。闽浙粤三省的低碳物流能力情况汇总如表 5-2 所示：

表 5-2　2010—2019 年闽浙粤低碳物流能力汇总表

省份	2010 年	2011 年	2012 年	2013 年	2014 年	2015 年	2016 年	2017 年	2018 年	2019 年
福建	0.321	0.355	0.413	0.480	0.497	0.502	0.529	0.587	0.651	0.716
浙江	0.334	0.368	0.427	0.492	0.522	0.535	0.547	0.598	0.669	0.744
广东	0.356	0.359	0.457	0.489	0.534	0.540	0.553	0.589	0.665	0.737

3．实证结果分析

（1）指标权重分析

由式（5-11）可获知低碳物流能力综合评价指标体系中的 28 个二级指标对于低碳物流能力的影响程度，按照影响程度从高到低进行排序，权重排在前五的指标分别为物流业碳排放强度（0.057）、物流从业人员增长率（0.056）、物流竞争力（0.052）、物流业对 GDP 的贡献率（0.043）、商流竞争力（0.042），这 5 个因素为影响区域低碳物流能力的关键因素。要提高区域低碳物流能力，就必须抓住关键影响因素，围绕关键影响因素开展低碳物流发展规划并落到实处。

（2）低碳物流能力分析

总体来看，2010 年以来闽浙粤三省低碳物流能力明显改善。

一是低碳物流竞争环境明显改善，这要得益于闽浙粤三省区域经济的增长和区域政府管理能力不断提高的双重影响。闽浙粤三省人均 GDP、人居财政收入、人均社会消费品零售总额等指标显著提高，经济的快速发展加速了物资、资金和信息的快速流转，进而带动了物流业的快速增长；闽浙粤地区政府管理能力的提高，在推动和引导区域物流业的发展中也起着极为重要的作用。

二是低碳物流实力明显增强。闽浙粤三省的物流基础设施不断完善，物流产业规模不断增大，物流产业效率增势缓中趋稳。其中，以商流竞争力和物流竞争力表现最为明显，可见仅仅靠扩大物流产业的规模并不能从根本上提高区域低碳物流能力，而应该把更多的精力放在如何转变物流产业的粗放发展模式，探寻提高物流业运转效率和竞争力的集约型发展道路上来。

三是低碳物流发展潜力明显提高。物流业固定资产投入增长率、物流从业人员增长率、城乡居民人均储蓄存款增长率、金融机构人均各项存款和贷款余额等反映物流发展潜力的各指标都保持了一定程度的增长，由此可见，劳动力的持续投入和资金的充足为后续物流能力的继续提升提供了坚实的保障。

四是物流业低碳水平远远不够。除了浙江省、广东省物流业碳排放强度有微降之外，福建省的物流业碳排放强度稳中有缓慢上升趋势，由 2010 年 0.05 万吨 / 亿元上涨到 2019 年的 0.07 万吨 / 亿元，年平均增长 3.81%。可见，降低物流业的碳排放强度仍然是提高闽浙粤地区低碳物流能力的一个关键性难题。

横向比较来看，闽浙粤地区各省的低碳物流能力呈现非均衡发展。浙江省、广东省的低碳物流能力始终处于前列，福建省尽管低碳物流减排工作收效显著，但与浙江省、广东省相比还存在一定差距。究其原因，与浙江省、广东省得天独厚的区位条件、完善的物流基础设施、经济的长足稳固发展及政府的管理能力等不无关系。

本章小结

本章围绕上一章构建的低碳物流能力综合分析指标体系，从多个渠道收集整理得到各指标的量化值，在此基础上综合利用模糊物元排序法和变异系数法，通过实证分析得出闽浙粤三省区域低碳物流能力的排序情况，结果表明闽浙粤三省的低碳物流能力存在着一定差异。

闽浙粤三省的各级政府要明确自身的低碳物流发展现状，在低碳物流建设中发挥政府的主导作用，以"低能耗、低污染、低排放"为根本出发点，采取有效措施促进物流产业高效有序运转。可以考虑由政府牵头建立物流行业部门间的协同发展机制和物流合作发展机制，加快制定并完善低碳物流发展的法律法规，在财税、信贷、投资等方面给予相关优惠政策，积极引导企业和社会的行为，形成物流业低碳发展的长效机制；进一步完善东南沿海地区及周边的物流基础设施，促进闽浙粤三省区域低碳物流的转移。企业作为市场经济活动的主要参与者，也应在发展低碳物流中主动承担应尽的责任，不断提高企业物流信息化程度，持续推行整个物流管理体系（包括正向物流和逆向物流）的低碳化。

此外，加强区域合作与交流也相当重要，闽浙粤三省在发展物流业方面，各具优势和不足，如果能加强区域合作与交流，共同攻克低碳物流技术研发难题，必将提高整个东南沿海地区的低碳物流能力。

第六章

闽浙粤地区低碳物流绩效
综合评估

　　上一章借助模糊物元分析法对闽浙粤地区的低碳物流能力进行综合分析，实证分析结果对于明确闽浙粤三省低碳物流发展能力方面的优势和短板能起到一定的借鉴和指导意义。然而，低碳物流能力强并不代表低碳物流绩效好，这两者之间并没有必然的联系。只有通过对低碳物流绩效开展考核，才能更有效地采取措施进行调整优化。因此，本章将围绕闽浙粤地区低碳物流绩效展开研究。

　　我国作为全球最大的二氧化碳排放国，在发展过程中必然面临严峻的碳减排国际压力。其中，制造业碳排放量占到我国碳排放总量的 80% 以上，制造业中的钢铁产业作为节能减排重点关注行业，更应该主动挑起节能减排的重任。此外，以行业为研究对象探讨其低碳物流绩效，比起笼统宏观地分析区域低碳物流供应链绩效而言，会更有针对性，更能具体指导行业企业走低碳物流发展之路。鉴于此，本章考虑将低碳物流思想融入钢铁业发展中，来研究钢铁企业的低碳物流供应链绩效。

　　从文献检索的情况来看，学术界在低碳物流绩效评价方面积累了一些研究方法和经验，运用的评价方法主要有 AHP 法、DEA 法、模糊综合评价法、价值分析法等，以上方法在指标权重确定和综合评价结果上均存在很强的主观性。因此需要一种方法，既能充分考虑评价专家的经验和直觉思维的模式，又能降低综合评价过程中的不确定性因素，既具备综合评价方法的规范性又能体现较高的问题求解效率。神经网络就是满足上述要求的面向复杂系统的一种新型的综合评价方法。神经网络自适应和自组织能力都很强，在学习或训练过程中能通过改变权重值来适应周围环境的要求，且能同时处理定性和定量问题，因而在评价指标权重确定方面应用普遍[①]。因此本章尝试借助

----

① 姜方桃. 供应链管理绩效评价的模糊综合评价法［J］. 统计与决策，2006，62（18）：45-47.

神经网络来就钢铁企业的低碳物流问题开展模糊综合评价，鉴于笔者2018年曾公开发表论文《基于神经网络的钢铁企业低碳供应链绩效的模糊综合评价》[①]，本章将在此篇论文的基础上进行补充和延伸。

第1节　低碳物流绩效评估指标体系

1．低碳物流绩效评价指标体系设计原则

指标是反映事物表象或内在规律的量化代表，将若干个具有相关性的指标联系在一起形成体系，可以从不同角度、不同方面解释问题的存在或揭示事物的机理。在设计低碳物流绩效评估指标体系时应遵循以下原则：

（1）可操作性和简洁性原则

低碳物流绩效评价评估指标体系要能够被广泛地应用于制造业相关企业中。指标数据应具备易于收集的特点，能在企业的统计资料及报表中提取出来。此外，指标的含义要被科学准确定义，减少指标存在的错误和歧义。

（2）系统性原则

选择评价指标时要充分反映物流系统各个方面的特征，这样才能全面反映低碳物流的整体运作状况，应该避免因指标选择过于片面而导致评价偏向于某个特定的方面。

（3）定量与定性原则

定量指标的分析可以用数据客观地表达客体的状态，但是量化需要以大

---

① 周容霞，郑颖．基于神经网络的钢铁企业低碳供应链绩效的模糊综合评价［J］．哈尔滨师范大学自然科学学报，2018，34（02）：70-76.

量数据作为分析基础，因为条件限制有些数据很难收集到[①]。定性分析虽然受主观人为影响较大，但相对定量分析更加直接和简单。因此，通过二者的有机结合能够使指标体系更完善、评价结果更加真实准确。

（4）静态与动态原则

绩效评价的目的是帮助企业了解目前的运作状况以及企业未来的发展方向。所以，低碳物流的评价指标应该具有动态和静态兼顾的特性，静态指标能够覆盖一段时间不变化，具有可在一段时间内进行指导的作用。动态指标要求所建立的评价指标体系具有灵活性，能够适时快速反应[②]。

（5）层次性原则

低碳物流绩效评价指标是一个多层次的评价体系，将低碳物流评价体系按照不同的层级进行划分，清晰地把评价指标归类，并且可以根据不同指标在每一个层面的重要程度进行科学有效的划分，能够实现低碳物流绩效评价指标的全面考察[③]。

2．低碳物流绩效评估指标选取

评估指标的选择是开展综合评价的关键，指标体系的构建直接影响分析结果的客观性和有效性。目前对于区域低碳物流绩效的研究较少，研究区域低碳物流绩效评估指标体系的文献如凤毛麟角，因此如何综合考虑区域低碳物流绩效的影响因素，设立合理的区域低碳物流供应链绩效评估指标体系，实现对某一区域低碳物流绩效综合评估当为值得研究的课题。

本节遵循上文提到的可操作性和简洁性原则、系统性原则、定量与定性

① 陆勤丰．影响区域物流中心物流效率的因素［J］．商丘职业技术学院学报，2007，6（3）：35-36.

② 孙肖文．天津市农产品绿色供应链绩效研究［D］．长春：吉林大学，2017.

③ 荣佳楠．电子制造型企业绿色物流绩效评价研究［D］．哈尔滨：哈尔滨商业大学，2014.

原则、静态与动态原则、层次性原则,在借鉴国内外学者研究成果的基础上,通过实地开展问卷调查和专家咨询,结合钢铁行业的特点选择钢铁企业物流流程中的关键指标,同时兼顾低碳环保因素和社会责任因素,对各指标进行严格筛选,初步确定围绕经济绩效、物流运营绩效、低碳环保绩效 3 个方面开展低碳物流绩效的综合评价,作为绩效评价方案的准则层;在此基础上借助主成分分析法和应用统计软件对评价指标进行逐层分解及进一步筛选,得出准则层下的一级指标和一级指标下的二级指标(共计 31 个指标),最终确定评价因素论域 $U=(u_1,u_2,\cdots,u_m)$,进而构建适用于钢铁企业的评价指标体系,如表 6-1 所示:

表 6-1 闽浙粤三省钢铁企业低碳物流绩效评价指标体系

目标层	准则层	一级指标	二级指标
钢铁企业低碳物流绩效评价指标体系	企业经济绩效	财务运营	总资产收益率 U_1
			总资产周转率 U_2
			主营业务增长率 U_3
			资产负债率 U_4
			销售利润率 U_5
		成本费用	管理费用 U_6
			物流成本 U_7
			废弃物处理成本 U_8
			能耗费用 U_9

续表

目标层	准则层	一级指标	二级指标
钢铁企业低碳物流供应链绩效评价指标体系	物流运营绩效	运作能力	市场增长率 U_{10}
			产销率 U_{11}
			产需率 U_{12}
			产品合格率 U_{13}
		客户服务	客户满意度 U_{14}
			准时交货率 U_{15}
			准确交货率 U_{16}
			订单完成率 U_{17}
			低碳认知度 U_{18}
		业务流程	原材料供货能力 U_{19}
			准时运输率 U_{20}
			存货周转率 U_{21}
			低碳信息共享程度 U_{22}
	低碳环保绩效	环境保护	单位产品 CO_2 排放量 U_{23}
			环保投入占比 U_{24}
		能源消耗	单位产品综合能耗 U_{25}
			单位产品新水消耗 U_{26}
			固废综合利用率 U_{27}
		节能减排	年节约用水量 U_{28}
			年节约能源总量 U_{29}
			产品回收率 U_{30}
			剩余能源回收率 U_{31}

第一层为目标层，即本章的主要研究内容，为钢铁企业低碳物流供应链绩效评价指标。

第二层为准则层，即钢铁企业低碳物流绩效主要表现在企业经济绩效、物流运营绩效和低碳环保绩效 3 个方面。

第三层为指标层，分为一级指标和二级指标，本章主要基于 31 个二级指标通过相关数据的采集和计算，对钢铁企业区域低碳物流绩效开展综合评估。

表 6-1 中，财务运营指标体现了钢铁企业财务状况与经营成果，成本费用指标则能反映钢铁企业在低碳物流方面存在的问题；对运作能力指标的合理管控有利于提高企业低碳物流的市场竞争力；客户服务指标在考虑传统指标的基础上，兼顾考虑了低碳指标；业务流程指标主要体现运作效率和信息共享程度；环境保护指标因为考虑到全书是基于低碳视角，故仅考虑了二氧化碳排放量；能源消耗指标反映了低碳物流将每个环节低碳化的程度；节能减排指标在节约能源的同时兼顾降低碳排放量。

3．低碳物流绩效评估指标解释

（1）企业经济绩效

企业经济绩效主要从财务运营和成本费用两个方面来反映。财务运营包括总资产收益率、总资产周转率、主营业务增长率、资产负债率和销售利润率。其中，总资产收益率是衡量企业收益能力的重要指标之一。

$$总资产收益率＝（净利润/平均资产总额）×100\%$$

主营业务增长率表示与上年相比，主营业务收入的增减变动情况，是评价企业成长状况和发展能力的重要指标。

$$主营业务增长率＝（本期主营业务收入－上期主营业务收入）/上期$$
$$主营业务收入×100\%$$

资产负债率反映在总资产中有多大比例是通过借债来筹资的，也可以衡量企业在清算时保护债权人利益的程度。资产负债率主要用来反映债权人所提供的资本占全部资本的比例，也被称为举债经营比例，其计算公式为：

$$资产负债率=总负债/总资产$$

（2）物流运营绩效

钢铁企业的物流运营绩效，主要通过运作能力、客户服务、业务流程3个方面来体现。运作能力表现为市场增长率、产销率、产需率和产品合格率；客户服务可以用客户满意度、准时交货率、准确交货率、订单完成率和低碳认知度等5个方面来反映，其中：

$$客户满意度=（满足客户要求数量/客户要求数量）×100\%$$

$$准时交货率=（按时按量交货的实际批次/订单确认的交货总批次）×100\%$$

$$准确交货率=准确交货额/全部交货额×100\%$$

$$订单完成率=实际完成订单总数/计划完成订单总数×100\%$$

低碳认知度的获得采用五级评分法来确定；业务流程重点考察原材料供货能力、准时运输率、存货周转率和低碳信息共享程度这4个方面，其中，原材料供货能力和低碳信息共享程度这两个定性指标，通过邀请专家采用五级评分法来确定。

（3）低碳环保绩效

低碳环保绩效以环境保护、能源消耗、节能减排3个方面为标准来衡量。其中，环境保护选取单位产品二氧化碳排放量和环保投入占比来体现；能源消耗表现为单位产品综合能耗、单位产品新水消耗、固废综合利用率3个方面；节能减排通过年节约用水量、年节约能源总量、产品回收率和剩余能源回收率来体现。

第 2 节　基于神经网络的模糊综合评估法的
基本原理和步骤

1．基于神经网络的模糊综合评估法的基本原理

模糊综合评价法是一种基于模糊数学的综合评价方法。该方法以模糊数学为基础，应用模糊关系合成的原理，将一些边界不清、不易定量的因素定量化，从多个因素对被评价事物隶属等级状况进行综合评价。该方法数学模型简单、系统性强、结果清晰，对多因素、多层次的模糊问题评判效果比较好，适合各种非确定性问题的解决[①]。模糊综合评价法的主要步骤包括模糊综合评价指标的构建、确定权重向量、构建评价矩阵、评价矩阵和权重的合成等。

基于神经网络的模糊综合评价，充分考虑神经网络在确定指标权重能够逐步修正调整的优势，将神经网络与模糊综合评价法相融合，通常用来解决复杂的多目标决策问题。目前该方法广泛应用于物流中心选址、人事考核、项目风险管理、招投标决策等各个领域。

2．基于神经网络的模糊综合评估法的基本步骤

（1）确定评语等级论域

评语集是对被评价对象可能做出的各种评价结果组成的集合，可表示为
$V = (v_1, v_2, \cdots, v_n)$。在实际操作中，评语等级数一般介于 3～9 之间，且取

---

① 梁斌. 模糊综合评价方法在高校学生对教师教学质量评价中的应用研究［J］. 兰州教育学院，2016，32（02）：92-94.

奇数时更有利于评价者对评价对象的等级归属进行判断[①]。鉴于此，本文将评语集设为 5 个等级，即 $V=$（好、较好、一般、较差、非常差）。

（2）评价指标的无量纲化处理

评价指标既有定性指标又有定量指标，为使各指标在整个系统中具有可比性，必须在综合评价前将各类指标按一定函数关系式归一到某一量纲区间，即需要对各指标进行无量纲化处理。对于定量指标，定义 $x_i=u_{vi}(a_i)$，$i=1, 2, \cdots, n$（其中 $x_i \in [0, 1]$）为评价指标 u_i 的属性值 a_i 的无量纲化值。$\max u_i$ 和 $\min u_i$ 分别为指标 u_i 属性值的最大、最小值。定量指标有正向指标和逆向指标之分，其无量纲化处理略有不同，现分别说明如下：

正向指标无量纲化函数为：

$$x_i = u_{vi}(a_i) = \begin{cases} 0 & a_i \leqslant \min u_i \\ \dfrac{a_i - \min u_i}{\max u_i - \min u_i} & a_i \in v_i \\ 1 & a_i \geqslant \max u_i \end{cases} \tag{6-1}$$

逆向指标无量纲化函数为：

$$x_i = u_{vi}(a_i) = \begin{cases} 1 & a_i \leqslant \min u_i \\ \dfrac{\max u_i - a_i}{\max u_i - \min u_i} & a_i \in v_i \\ 0 & a_i \geqslant \max u_i \end{cases} \tag{6-2}$$

对于定性指标，在量化前首先要确定各评语等级的评价标准 R，本文采用的评分标准 $R=(0.9, 0.7, 0.5, 0.3, 0.1)^{\mathrm{T}}$，通过专家打分来确定；然后采用模糊统计法确定各定性指标的隶属度向量 $S_i=(S_{r1}, S_{r2}, \cdots, S_{r5})$；最后确定各定性指标的无量纲化值 x_i。如下所示：

$$x_i = s_i \cdot R = (s_{r1}, s_{r2}, \cdots, s_{r5}) \cdot (r_1, r_2, \cdots, r_5)^{\mathrm{T}} = \sum_{i=1}^{5} s_i \cdot r_i \tag{6-3}$$

---

① 易晓文. 基于 BP 神经网络的民营企业技术创新的模糊综合评价［J］. 数量经济技术经济研究，2003（08）：38-41.

（3）进行单因素评价，建立模糊关系矩阵

单独从每一个因素 u_i 出发进行评价 $f(u_i)$，建立从 U 到 V 的模糊映射 $\underset{\sim}{f}$，即 $\underset{\sim}{f}: U \rightarrow T(V)$，$u_i \rightarrow \underset{\sim}{f}(u) \in T(V)$，由此得出因素 u_i 的单因素评判集，$r_i = (r_{i1}, r_{i2}, \cdots, r_{in})$。继而由模糊映射可诱导出模糊关系 $\underset{\sim f}{R} \in T(U \times V)$，即：$\underset{\sim f}{R}(u_i, v_i) = \underset{\sim}{f}(u_i)\underset{\sim}{f}(v_i) = r_{ij}$。由此每一个评价对象确定了从 U 到 V 的模糊关系，$\underset{\sim f}{R}$ 可用模糊关系矩阵 R 表示如下：

$$R = \begin{bmatrix} r_{11} & r_{12} & \cdots & r_{1n} \\ r_{21} & r_{22} & \cdots & r_{2n} \\ \cdots & \cdots & \cdots & \cdots \\ r_{m1} & r_{m2} & \cdots & r_{mn} \end{bmatrix} \quad\quad （6\text{-}4）$$

式（6-4）中，r_{ij} 表示因素 u_i 对应等级 v_j 的隶属关系，即 r_{ij} 是 u_i 在评语 v_j 上的频率分布，它是模糊综合评价的基础。

（4）确定评价指标的权重向量

神经网络的学习功能，通过大量数据的学习过程，得到各评价指标对被评价对象的隶属关系，并能逐步修正网络的连接权值，从而确定最为合理的权重分配[①]。

为了确定评价指标的权重向量，首先要构造神经网络结构。神经网络有多种形式，结合上文模糊综合评价中有关因素论域和等级论域的设定，本文构造如图 6-1 所示的神经网络结构：三层网络被分为输入层、隐含层、输出层。同层节点间无关联，异层神经元间向前连接。输入层有 m 个节点，对应于神经网络可感知的 m 个输入，表示为 $X = (x_1, x_2, \cdots, x_m)$，即进行规范化处理过的各指标变量；输出层含有 n 个节点，与神经网络的 n 个输出相对应，表示为 $Y = (y_1, y_2, \cdots, y_n)$；隐含层的作用是对输入量进行评语等级分化处理，

---

① 赵金元，马振，唐海亮. BP 神经网络和多元线性回归模型对碳排放预测的比较［J］. 科技和产业，2020，20（11）：172-176.

隐含层的节点数目一般根据实际训练需要设置；w_i（$i=1, 2, \cdots, m$）为隐含层与输出层之间的连接权值，即各评价指标的权重。

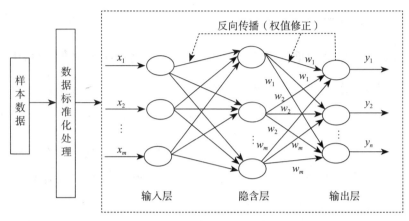

图 6-1　神经网络结构

设期望输出的评价结果为 D_j（$j=1, 2, \cdots, n$），样本模式的实际输出 y_j 与 D_j 期望输出的总误差函数 $\Delta Y = \sum\limits_{j=1}^{n}(D_j - y_j)^2 / 2$。给定初始权值学习样本 W_1（0），学习样本为 $X^1, X^2, \cdots X^p$，相应的期望输出向量为 $D^1, D^2, \cdots D^p$，误差极限为 ε。记 w_i（t）为第 t 次迭代中第 i 个输入的权重。最优权重需要根据输出值和误差反复修正来确定。完整的步骤如下[1]。

第一步，随机选择一组学习样本 X^p 和期望输出向量 D^p；

第二步，计算样本模式的实际输出，$Y_p = (y_1^p, y_2^p, \cdots, y_n^p)$；

第三步，计算 $\left\| Y_p - D^p \right\| = \sqrt{\sum\limits_{j-1}^{n}(y_j^p - d_j^p)^2}$。若 $\left\| Y_p - D^p \right\| > \varepsilon$，则进入第四步，否则返回第一步。

第四步，权值的修正和调整。对应的迭代公式为：

$$w_i(t+1) = w_i(t) + \sum_{j=1}^{n}\frac{\partial \Delta y}{\partial y_j}\frac{\partial y_j}{\partial w_i} = w_i(t) + \sum_{j=1}^{n}(d_j^k - y_j^k)r_{ij}^k \tag{6-5}$$

———————————

[1]　周宇. 基于 BP 神经网络的应急物流风险评价研究［D］. 大连：大连海事大学，2009.

第五步，按修正后的权值重新计算网络输出，并再次计算误差值。若每个样本都满足 $\|Y_k - D^k\| < \varepsilon$，则停止迭代，否则再次返回到第一步。

（5）构建模糊综合评价模型

用合成算子将权重与模糊关系矩阵合成就得到各被评价对象的模糊综合评价结果，故建立如下综合评价模型：

$$B = W \cdot R = (w_i)_{1 \times m} \cdot (r_{ij})_{m \times n} = (b_j)_{1 \times n} \qquad （6-6）$$

式（6-6）中，B 即为求得的综合评价向量。遵循最大隶属度原则，可确定评判对象的评语等级，进而可以帮助钢铁企业确定低碳物流绩效管理工作中的薄弱环节和后期努力的方向。

综上可知，指标权重的合理与否直接决定了综合评估结果。下文将通过实例来论述如何用神经网络来确定指标权重，开展模糊综合评估。

第 3 节　实证分析

对于我国钢铁企业来说，低碳物流还处在起步发展阶段，与国外相比还存在很大的差距。中国科学院院士徐匡迪曾指出，目前国外关于钢铁行业二氧化碳的减排计划已经很普及了，而我国还在初步探索阶段。比如欧洲十五国制定了"超低二氧化碳制钢"路线，使现行工艺改进后减少碳排放 24%；日本制定了"低二氧化碳排放钢铁工业技术路线图"，计划使吨钢碳排放从 1.64 吨降低到 1.15 吨，降低幅度达 24%[①]。节能减排、绿色低碳应作为钢铁业发展和改革的重中之重，将环保相关指标和目标值尽早纳入钢铁企业的发展规划中才是企业发展的长久之计。

1．案例背景介绍

钢铁工业是我国国民经济的重要基础产业，也是能源消耗和碳排放的大户。在全国碳市场即将到来及去产能、供给侧结构性改革、转型升级的背景下，钢铁行业如何应对碳排放、碳减排以及碳交易的大势，成为钢铁行业当下面临的严峻挑战[②]。闽浙粤三省积极响应国家关于钢铁工业节能减排转型升级的政策要求，积极探索低碳环保、节能增效发展道路，取得了良好的效果。

---

① 雷明，蔡天远，景怡，等．中国钢铁企业低碳供应链绩效及决定因素［A］．中国环境科学学会．2019 中国环境科学学会科学技术年会论文集（第一卷）［C］．西安：中国环境科学学会，2019：262-281.

② 冯为为．以碳交易机制促进钢铁行业低碳发展新实践［J］．节能与环保，2016（09）：46-47.

（1）福建省钢铁业低碳物流发展现状

福建省钢铁企业众多，呈现出规模小、长流程钢厂少、产能扩张速度缓慢的特点。由于福建省内缺乏矿石资源，本省钢厂铁矿石高度依赖进口，进口或省外购买铁矿石已超过需求量的一半以上；炼焦精煤全部从北方调入，运输成本高[①]。为了加快推动福建省钢铁业低碳物流发展，实现节能减排、降本增效的目标，福建省积极响应2019年国家发改委等24部委联合下发《推动物流高质量发展促进形成强大国内市场的意见》的文件精神，高度重视钢铁业与物流业的深度融合，出台促进物流业与钢铁业深度融合发展的政策措施，鼓励物流企业为钢铁业量身定做物流解决方案[②]。比如，通过物流系统的优化，降低原燃料和产品在运输、装卸和储存过程中的消耗和排放；为了减少钢水温降，使用钢包加盖技术有效控制钢水运转过程中温度的降低；不同运输方式带来的二氧化碳排放量存在显著差异，通过选择合理的物流方式大幅减少运输过程中二氧化碳的排放量。

福建省作为国务院确定的全国第一个生态文明先行示范区，在建设生态文明方面先行先试，作为高能耗高排放的大户，钢铁业的发展受到了省委省政府的高度重视。2018年福建省发展和改革委员会、福建省经济和信息化委员会印发《建设现代产业体系　培育千亿产业集群推进计划（2018—2020年）》（以下简称《计划》），提出着力打造两大钢铁工业集群，分别是现代钢铁产业和不锈钢产业。现代钢铁产业以福州、泉州、漳州和三明地区的现代钢铁产业为中心，依托以上地区的钢铁产业集中区，全力支持三钢、三宝等钢铁企业发展壮大，重点发展车船用钢板、钢结构材料等下游应用产业，争

---

① 中国产业信息网. 2018年中国福建省钢铁产量、消费量及价格走势分析［EB/OL］. https://www.chyxx.com/industry/201803/619726.html，2018-3-16.

② 国家发展改革委等24部委. 推动物流高质量发展促进形成强大国内市场的意见［EB/OL］. http://www.gov.cn/xinwen/2019-03/02/content_5370107.htm，2019-03-02.

取到 2020 年实现产值 1300 亿元[1]。不锈钢产业以宁德、福州、漳州地区不锈钢产业为中心，依托宁德不锈钢工业集中区、福州不锈钢工业集中区、漳州不锈钢工业集中区、武平不锈钢产业园区等，支持壮大青拓集团、宝钢德盛不锈钢、福欣特殊钢、宏旺实业等企业，重点发展不锈钢深加工及应用产业链，争取到 2020 年实现产值 1500 亿元。

近年来福建省钢铁行业的关注重点仍是产能、供给侧结构性改革、环保限产，福建省钢铁行业供需整体表现相对平稳。2019 年《福建省钢铁行业超低排放改造实施方案》发布，提出要推动本省钢铁行业高质量发展，促进产业转型升级，改善大气环境质量。2020 年全国钢铁行业绿色发展大会在福建省召开，福建省钢铁业协会代表在会上发表了题为"以新发展理念为引领　深入推进绿色低碳发展"的讲话，企业代表作了题为"以绿色发展领航三宝转型升级"的报告，并就钢铁企业在绿色发展方面的实践和经验进行了交流和分享。

（2）浙江省钢铁业低碳物流发展现状

浙江省是用钢大省、产钢小省，钢铁产能不大，以特钢为主，技术装备水平较高，具有较强市场竞争力。受国内普遍性产能过剩影响，浙江省部分钢铁企业生产经营困难，钢铁行业亏损面达到 50%。2016 年《浙江省钢铁行业化解过剩产能实现脱困发展实施方案》[2] 提出，到 2020 年底全省压减产能 300 万吨以上，产能利用率提高到 85% 以上，钢铁企业数减少到 20 家左右，实现清洁生产、污染治理和资源综合利用水平明显提高，经济效益明显好转，核心竞争力明显增强。2019 年浙江省生态环境厅起草了

---

[1]　福建省发改委，福建省经信委. 建设现代产业体系培育千亿产业集群推进计划（2018-2020年）[EB/OL]. https://www.sohu.com/a/259719855_99912012，2018-9-27.

[2]　浙江省人民政府办公厅. 浙江省钢铁行业化解过剩产能实现脱困发展实施方案 [EB/OL]. http://www.zj.gov.cn/art/2016/6/16/art_32432_278462.html，2016-6-16.

《浙江省钢铁行业超低排放改造实施计划（征求意见稿）》，提出到 2020 年底前，全省超低排放改造取得明显进展；到 2022 年底前，全省钢铁企业超低排放改造基本完成；确保到 2025 年全省钢铁企业全面达到超低排放标准，推动行业高质量、可持续发展[①]。意见强调要通过工艺改造减少污染排放并达到超低排放要求（见表 6-2），推动钢铁企业转型升级。

2019 年浙江省粗钢产量为 1350.68 万吨，粗钢的外部运输主要采用铁路、公路和水路 3 种运输方式，内部运输主要采用公路、铁路、滚道和管道等多种运输方式[②]。为降低物流运输成本，实现低碳物流，浙江省钢铁企业合理选择运输方式，最大限度发挥各种运输方式的优势，比如针对大宗物料的长远距离运输，优先选择水运，其次选择铁路和公路；针对地形复杂、地势高差较大的区域，优先选择胶带机和管道运输；优化运输配送线路，科学调整送货周期，有效防止运输迂回的出现，实现有效配载；借助现代化的信息管理控制系统来提高各种物流作业或业务的处理速度，并通过精确的数据预测分析来降低物流风险和成本。

---

① 浙江省环境保护厅.关于征求《浙江省钢铁行业超低排放改造实施计划（征求意见稿）》意见的通知［EB/OL］.http://sthjt.zj.gov.cn/art/2019/6/4/art_1229263559_2258589.html，2019-06-04.
② 中商产业研究院.2019 年 1—12 月浙江省粗钢产量及增长情况［EB/OL］.https://baijiahao.baidu.com/s?id=1658845723662194047&wfr=spider&for=pc，2020-02-18.

表 6-2 浙江省钢铁企业超低排放指标限值及推荐技术

生产工序	生产设施	基准含氧量（%）	污染物项目			污染治理设施		
			颗粒物	二氧化硫	氮氧化物	除尘	脱硫	脱硝
烧结（球团）	烧结机机头球团竖炉	16	10	35	50	鼓励采用湿式静电除尘器、覆膜滤料袋式除尘器、滤筒除尘器等先进工艺	应实施增容提效改造等措施，提高运行稳定性，取消烟气旁路，鼓励净化处理后烟气回原烟囱排放	应采用活性炭（焦）、选择性催化还原等高效脱硝技术
	链箅机回转窑带式球团焙烧机	18	10	35	50			
	烧结机机尾其他生产设备	—	10	—	—			
炼焦	焦炉烟囱	—	10	30	150			
	装煤、推焦	—	10	—	—			
	干法熄焦	—	10	50	—			
炼铁	热风炉		10	50	200			
	高炉出铁场、高炉矿槽	—	10	—	—			
炼钢	铁水预处理、转炉（二次烟气）、电炉、石灰窑、白云石窑	—	10	—	—			
轧钢	热处理炉	8	10	50	200			
自备电厂	燃气锅炉	3	5	35	50			
	燃煤锅炉	6	10	35	50			
	燃气轮机组	15	5	35	50			
	燃油锅炉	3	10	35	50			

（3）广东省钢铁业低碳物流发展现状

广东省自 2010 年 7 月被列为首批国家低碳省试点以来，在探索低碳发展多元化道路上勇于创新，先行先试，低碳转型步伐不断加快，成效较为显著。"十二五"和"十三五"期间，广东省经济社会保持平稳较快发展，经济发展直接带动能源消费总量和二氧化碳排放持续增加。2010—2019 年，广东省经济总量从 46544 亿元增加到 81090 亿元，平均增速近 8.25%；带动终端能源消耗总量从 24594 万吨标准煤增加到 33359 万吨标准煤，平均增速 3.45%；由此产生二氧化碳排放从 48267 万吨增加到 57438 万吨，平均增速 2.31%[①]。二氧化碳排放量和能源消费呈现高度的正相关，但二氧化碳排放增速要低于能源消费增速，由此反映出近年来广东省能源结构持续优化，含碳能源比重也逐年下降。

2018 年，广东省黑色金属冶炼及压延加工业能源消费总量占全省终端能源消费总量的 5.34%，其中，钢铁生产行业的能源消费量占黑色金属冶炼及压延加工业能源消费量的 80.96%。当年广东省内长流程钢铁企业共 7 家，能源消费总量约占省内钢铁企业能源消费总量的 90.8%。7 家长流程钢铁企业高炉炼铁工序单位产品能耗平均值为 387.50 千克标准煤 / 吨，符合现有粗钢生产高炉工序单位产品能耗限定值，但比新建和改扩建粗钢生产高炉工序单位产品能耗准入值（370 千克标准煤 / 吨）高出 17.50 千克标准煤 / 吨（高出 4.7%），比标准规定的先进值水平（361 千克标准煤 / 吨）高出 7.3%。参照《上海产业能效指南（2018 版）》，高炉炼铁工序能耗国内先进值和国际先进值均为 372 千克标准煤 / 吨，高出了 15.5 千克标准煤 / 吨[②]。目前广东省钢铁企业能耗效率与国内先进值及国际先进值尚有一定差距。

广东省钢铁协会和行业内企业在探索行业低碳物流发展的过程中，积极主动地向行业标准和地方先进标准看齐，以标准化、规范化为手段不断提高钢铁物流服务质量和水平，为钢铁物流健康有序发展提供保障和动能。积极利用智能化和物联网技术，打造钢铁物流"智能仓配"体系，提升钢铁业低碳物流运作效率；着力提升钢铁大宗货物的清洁运输占比，对物料（含废渣）

---

① 浙江省统计局. 浙江省统计年鉴 2011—2020［EB/OL］. http://tjj.zj.gov.cn/col/col1525563/index.html，2021-1-20.

② 陈凯，张佳銮，赵静波，等. 广东省重点用能行业能效水平分析［J］. 节能，2020,39(06)：143-145.

运输、装卸、储存、转移等过程，均采用密闭方式进行，如内部运输煤炭、铁矿等，全部改用轨道运输，以减少环境污染；加快推动运输系统升级改造工程，通过运输单元标准化和运输服务能力的优化整合实现各种运输方式之间的分工合作和优势互补，积极尝试无车无船承运等新型物流模式，助推行业效率提升。

2．问题描述

（1）关于钢铁企业低碳物流的说明

本章所阐述的钢铁企业低碳物流是指以钢铁企业为核心，由原材料供应商（包括矿山等）、钢铁企业、分销商、用户组成的网络，并通过这个网络为用户提供钢铁产品，实现价值链的增值。钢铁物流链如图 6-2 所示。钢铁物流包含原材料采购运输、钢铁生产物流和产成品销售物流三大模块。在钢铁物流运作中，钢铁企业通过自身所处核心地位，使所有企业有效连接起来形成一体化的物流链，并对整个供应链的运行进行信息和物流的协调与控制。同时，在所有供应链成员之间建立战略合作伙伴关系，促使各节点企业（供应商、存储仓库、工厂、配送中心、门店等）在需求信息的驱动下，通过物流链上职能分工与合作（供应、生产、库存、装配、分销、回收等），以资金流、物流和服务流为媒介，实现整个钢铁物流链的不断增值。原材料供应商、钢铁企业和钢铁产品分销商在战略、任务、资源和能力方面相互依赖，构成了一个十分复杂的网链结构。一个企业是一个节点，节点企业之间是一种供需关系。钢铁企业低碳物流要求钢铁企业在实现物流系统盈利的前提下，充分考虑碳排放量最小、环境污染最小。低碳物流覆盖了产品的整个生命周期，强调产品从设计、采购、生产制造、销售、消费及回收整个生命周期中都要考虑碳排放问题。

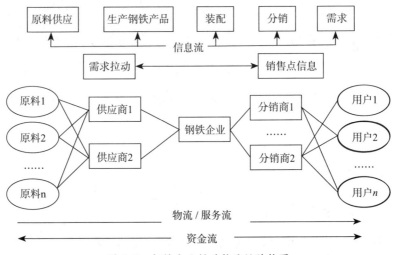

图 6-2　钢铁企业低碳物流链结构图

（2）关于闽浙粤钢铁企业的选取说明

上文已提到，闽浙粤地区钢铁企业众多且规模较小，要获取所有钢铁企业的翔实数据资料并不可能，因此只能通过选取有规模代表性或地区代表性的钢铁企业来开展调研和实证分析。因为受到时间和地域的限制，笔者只重点走访调研了福建省的 5 家钢铁企业（为避免可能产生的纠纷，企业的名称仅以甲乙丙丁戊来标注），并针对这 5 家钢铁企业的低碳物流绩效展开综合评估，希望能够起到抛砖引玉的作用，闽浙粤地区钢铁企业的低碳物流绩效评估同样可以采用此方法。

（3）数据来源说明

低碳物流绩效评估指标体系中指标有定性指标和定量指标。定量指标的原始数据主要来自闽浙粤三省钢铁企业的年报、中国工业企业数据库以及企业调研；定性指标通过采用等级评分法转化为量化指标来赋值。

3．低碳物流绩效综合评估

下文将利用福建省 5 家钢铁企业的调研数据，借助神经网络和模糊综合评价法，结合福建省钢铁业现状进行低碳物流绩效的综合分析。前文对评价因素集、评价等级论域、评价网络结果进行了阐述，故可确定输入层的节点数 $m=31$，隐含层节点数的确定没有统一的规则，一般根据具体对象而定，通过训练结果的网络逼近能力对比，最终择优选定为 20，输出节点数为 5，评语等级 $V=$（好、较好、一般、较差、非常差）。

（1）搜集资料，获取样本数据

实地对福建省的 5 家钢铁企业开展调研，利用极差变换公式对各实地调研获得的各评价指标的原始数据进行标准化处理，得到如下矩阵（受篇幅限制，只列出部分数据）。

$$U = \{u_{ij}\} = \begin{bmatrix} 0 & 0.3124 & 0 & 0.1667 & \cdots & 0 & 0.6306 \\ 1 & 0.6135 & 1 & 0.5000 & \cdots & 0.4314 & 0.6288 \\ 0 & 0.2671 & 0.5806 & 0 & \cdots & 0.5882 & 1 \\ 0.6670 & 0.3264 & 0.1935 & 1 & \cdots & 0.8039 & 0.4680 \\ 0 & 0.1038 & 0 & 0.2329 & \cdots & 1 & 0 \end{bmatrix}$$

网络对 5 家企业逐一进行评价，网络第一层的输出与输入均为：

$$I_{ip} = O_{ip} = (r_{i1}, r_{i2}, \cdots, r_{i31}), \quad i=1, 2, \cdots, 5; \quad p=1, 2, \cdots, 5$$

（2）数据处理，确定各指标隶属度

根据上节的公式（6-1）至（6-4）对实际搜集的数据进行处理，可以确定每家钢铁企业各指标的隶属度，进而求得每家企业各指标的评语等级变量值。网络第二层的输出即为各评价指标对各评语具有的隶属关系，如表 6-3 所示。

表 6-3　各指标的评语向量

企业名称	总资产收益率	总资产周转率	主营业务增长率	…	剩余能源回收
企业甲	（0.112, 0.234, 0.436, 0.218, 0）	（0.118, 0.213, 0.280, 0.389, 0）	（0.346, 0.224, 0.135, 0.217, 0.078）	…	（0.054, 0.172, 0.256, 0.426, 0.121）
企业乙	（0.124, 0.118, 0.226, 0.412, 0.120）	（0.045, 0.217, 0.526, 0.137, 0.075）	（0.134, 0.228, 0.423, 0.128, 0.087）	…	（0.112, 0.272, 0.529, 0.087, 0）
…	…	…	…	…	…
企业戊	（0.132, 0.261, 0.439, 0.159, 0.009）	（0.114, 0.193, 0.324, 0.257, 0.112）	（0.117, 0.198, 0.316, 0.221, 0.148）	…	（0.095, 0.168, 0.224, 0.397, 0.116）

（3）网络训练

网络训练主要采用反向传播算法对各指标权重进行修正，进而确定最优权重。选取各指标的平均值、最大值和最小值作为神经网络训练样本的一部分输入，继而训练网络结构中第二层、第三层的连接权值[①]，则相应于训练样本第三层的输出分别为（0, 0, 0, 0, 1），（0, 0, 0, 1, 0），（0, 0, 1, 0, 0），（0, 1, 0, 0, 0），（1, 0, 0, 0, 0）等5个向量。

随机选取 W=（0.02764, 0.02764, 0.02764, 0.02764, 0.02764, …, 0.02764）作为连接权值的初始值。网络经过 102 次迭代训练后，输出值与期望值之间的误差小于程序设定的精度要求（见图 6-3），此时对应的神经网络的连接权值为 W^*=（0.03124, 0.02628, 0.01783, 0.01776, 0.02829, …, 0.03654）。

---

① 吴岸城. 神经网络与深度学习［M］. 北京：电子工业出版社，2016.

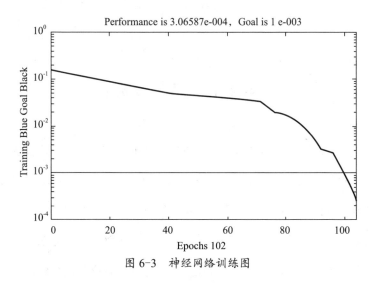

图 6-3　神经网络训练图

（4）网络输出

将最终确定的评价指标权重带入已经训练好的网络，通过公式（6-5）可得输出结果，如表（6-4）所示。鉴于每一指标的输出向量有 5 项，可以考虑以输出量在模糊评价论域中某一子集上的最大分量所对应的模糊评价语言值来表示该企业低碳物流绩效[①]。

表 6-4　网络最终输出结果

企业名称	输出层结果	评语结果
企业甲	（0.1284, 0.2713, 0.4218, 0.1185, 0.0600）	一般
企业乙	（0.0912, 0.1267, 0.2814, 0.3315, 0.1692）	较差
企业丙	（0.2573, 0.4792, 0.1637, 0.0728, 0.0270）	较好
企业丁	（0.2477, 0.4868, 0.1532, 0.0810, 0.0313）	较好
企业戊	（0.2231, 0.1746, 0.1352, 0.4324, 0.0347）	较差

---

① 王忠超. 基于 BP 神经网络的绿色信贷信用风险评价研究［D］. 青岛：中国海洋大学，2013.

第4节 结果分析

总体来看，网络输出结果与5家钢铁企业的低碳运行实情比较相符。企业丙、丁是福建省知名钢铁企业，技术装备先进，信息化管理程度高，一直走在节能减排工作前列，低碳物流绩效管理工作成效显著。企业甲、企业乙、企业戊为福建省3家中小型钢铁企业，设备较陈旧，工艺较落后，智能化、柔性化水平较低，供应链管控能力较差，因而低碳物流绩效评价结果不理想。

现以企业丙和企业丁为例来说明。企业丙是全国特大型钢铁联合企业，企业通过了质量、环境和职业安全健康等多项管理体系认证，先后获得了"全国重点行业效益十佳企业""全国产品质量和服务双十佳企业""全国质量管理先进企业"等多项荣誉称号。近年来该企业在传统产业转型升级道路上坚持不懈，探索出一条适合本企业的新型工业化道路，主要举措有推进科技创新，降低工序能耗；管治并举，提高水资源利用率；推进环保减排，开展大批重点节能减排治污工程，环保投资效益显著；完善了卓越的绩效管理系统，实现管理过程信息集成优化和节能减排信息的共享，并被国家信息化测评中心评为"中国信息化500强企业"。

企业丁是一家有30多年历史的老牌钢铁企业，在装备、技术、工艺流程等方面具备较强的竞争力，该企业以钢铁生产和销售为主，业务已向高端产品、物流服务业、钢铁文化生态旅游等产业延伸。该企业系漳州市首家纳税突破10亿元大关的工业企业，被福建省发改委、福建省工信厅联合列入福建省千亿产业集群的重点培育企业之一。该企业先后荣获"国家高新技术企业""全国民营企业 500 强""全国民营制造业 500 强""全国绿色工厂"等众多殊荣。近年来企业紧跟党和国家良好政策方针，积极探索钢铁产业绿色低碳发展新模式。一是积极宣传环保知识，提高企业全体员工的环保理念，并将环保理念渗透到生产全过程中；二是高度重视创新和管理，把技术设备创新、管理创新、制度创新摆在企业发展的突出位置；三是全力打造钢铁企业与城市生态协调共生的良好氛围，积极开发钢铁文化生态旅游项目。通过产业升级改造和产品结构调整，将企业打造成一个节能环保、低碳高效、可持续发展的、极具绿色竞争力的现代化钢铁企业。

本章小结

本章构建了低碳物流绩效评估指标体系，并借助模糊神经网络模型对福建省有规模代表性或地区代表性的 5 家钢铁企业的低碳物流绩效开展了实证分析。该实证分析方法也同样适用于闽浙粤地区的钢铁企业。综合评价结果表明本章所采用的综合评价方法是合理有效的；福建省钢铁企业的低碳物流绩效参差不齐，差距较大。钢铁工业"十三五"发展规划也指出，着力化解产能过剩，实现脱困发展，打造绿色节能高效产业链将是钢铁业未来的发展趋势。"十四五"期间钢铁企业低碳物流发展应从"质"和"量"上下功夫。"质"上，应提高行业的低碳物流发展质量，切实提高单个产品污染物排放和能源消耗水平。"量"上，应切实降低污染物排放和能源消耗的总量。质量总量双管齐下，共同助力实现钢铁企业低碳物流发展的愿景。鉴于此，就提高福建省钢铁企业低碳物流整体绩效，提出以下

几点建议:

其一,提升钢铁企业的整体经济绩效。加快钢铁行业的产业结构调整,充分利用政府部门相关扶持政策,提高自主研发的能力,提高产品的档次和市场竞争力;加大对钢铁企业的兼并重组,集中生产,形成规模经济;加强与供应链下游企业的信息沟通,合理组织生产,实时监控产品库存,加快产品周转,实现降低生产成本和仓储成本、提高经济效益的目标。

其二,提升钢铁行业整体运营绩效。在提高产能和维护供应链下游原有客户的同时,拓宽销售渠道,提高产品的销售量;提高钢铁企业信息化管理水平,优化业务流程,合理开展配送组织与运输管理,提高钢铁业低碳物流运作效率;推进产销研模式,开发符合用户要求、科技含量高、排放量低、有市场竞争力的产品。

其三,提升钢铁企业低碳环保绩效。加强钢铁业生产技术创新,提高主体装备水平和节能技术;实行"外引内培"和"企—校、企—科研院所"合作策略,加快研发团队的培养,促进先进技术尽快落地,推动钢铁企业向高效化、集约化、大型化、节能化方向发展;改变能源结构,减少煤炭比例,提高新能源利用占比,充分利用生产过程中产生的二次能源;做好钢铁企业逆向物流管理工作,提高回收废弃物的二次利用率;结合国家有关环境保护的法律法规,完善钢铁企业环境管理制度,让企业切实履行环保责任。

第七章

闽浙粤地区低碳物流
发展战略和建议

基于第五章闽浙粤地区低碳物流能力和低碳物流绩效的综合分析，得出闽浙粤地区低碳物流能力的 5 个关键影响因素，即物流业碳排放强度、物流从业人员增长率、物流竞争力、物流业对 GDP 的贡献率、商流竞争力，闽浙粤低碳物流能力的提升应重点抓好这 5 个方面的工作。此外，分析结果也表明，闽浙粤三省低碳物流能力明显改善，但闽浙粤三省低碳物流能力呈现非均衡发展态势。基于第六章闽浙粤地区低碳物流综合绩效评估分析可知，钢铁业作为闽浙粤三省碳排放大户，低碳物流绩效参差不齐，低碳转型之路任重道远。本章将主要基于第五、第六章的分析结论提出闽浙粤低碳物流总体发展定位、发展战略和相关对策建议。

第 1 节　闽浙粤地区低碳物流总体发展定位

闽浙粤作为东南沿海三省，地理环境优越，比邻港澳台地区，是我国改革开放的门户，国民经济快速发展，经济总量居全国前列，物流业发展也走在全国前列。

全国生态文明先行示范区的获批，"21 世纪海上丝绸之路"战略布局的提出，对于闽浙粤地区低碳物流业的发展而言，既是机遇又是挑战。在此背景下，闽浙粤地区省市区各级政府高度重视生态文明建设，践行物流低碳发展理念，力争打造"立足东南沿海、引领全国、辐射全球的现代低碳物流发展标杆省份"，走出一条适合发展实际、具有重要示范和借鉴意义的物流业转型发展之路、环境改善之路、生态治理之路。

第2节　闽浙粤地区低碳物流发展总体战略

闽浙粤地区低碳物流发展的战略定位是将闽浙粤打造成为立足东南沿海、引领全国、辐射全球的现代低碳物流发展标杆省份。要实现这个伟大的战略定位，需全面贯彻党的十八大、十九大和十九届五中全会精神，深入贯彻习近平总书记系列重要讲话精神，牢固树立和贯彻落实创新、协调、绿色、低碳、发展理念，以提高物流效率、降低物流成本、缓解资源和环境压力为重点，以市场为导向，以改革为动力，以技术为支撑，以创新为核心，以管理为基础，积极营造有利于现代物流业发展的政策环境，着力构建高度社会化、专业化、标准化、智慧化现代物流体系，推动现代物流业供给侧结构性改革。加快现代信息技术和交通运输技术（如"互联网＋"、物联网、云计算、大数据等）在物流场景中的应用，大力推进高效物流发展，促进现代物流与制造业、商贸业、金融业等高效联动发展，为闽浙粤地区传统产业转型升级提供高效供应链管理服务。

1．市场运作，政府引导

十八届三中全会公报多次提到"市场在资源配置中起决定性作用"。闽浙粤地区低碳物流的健康有序发展，既需要市场调节这只"无形的手"，又离不开政府宏观调控这只"有形的手"，需要"两手"形成发展合力来保驾护航。要充分发挥市场在资源配置中的决定性作用，强化企业主体地位，加快建立和完善高效、绿色低碳的物流服务体系，形成物流主体多元化、物流服务专业化的发展格局。加强政府在现代低碳物流业发展战略、规划、政策、标准等方面的引导，营造现代低碳物流业发展的良好政策环境。

2．创新驱动，高端发展

加快推动传统物流产业转型升级，积极探索物流发展新模式、新业态和新型服务内容，实现物流发展模式多样化、业态形式丰富化、物流服务内容个性化。借着各种新型服务内容日趋活跃的东风，大力推动"互联网＋"高效物流发展，促进大数据、云计算、物联网等先进信息技术与物流活动深度融合。加快发展供应链管理、衍生服务等高端物流业态，提高现代物流业发展核心竞争力和服务辐射能力。

3．完善标准，降本增效

物流标准是物流产业生存与发展的基础。坚持技术引领，标准先行，推动物流业技术标准体系建设，加快培育一批龙头物流企业和知名品牌。调整运输结构，提高综合运输效率，降低全社会物流成本。倡导绿色物流理念，积极发展低碳物流。加强一体化运作，实现物流作业各环节、各种物流设施设备以及物流信息的衔接配套，促进物流服务体系高效运转。

4．统筹规划，协同发展

闽浙粤三省间开展物流业发展统筹规划，整合三省物流基地、物流通道、运输装备等资源，推进多式联运发展。加强跨区域物流合作，完善区域物流网络，实现区域物流协同发展。大力延伸物流产业链条，发挥物流龙头企业和知名品牌的带动作用，推进现代物流业与农业、制造业、商贸业、金融业等相关产业联动发展。

第3节　闽浙粤地区低碳物流发展的建议

1．增强软硬件实力，提高低碳物流竞争力

（1）增加低碳物流硬件设施投入

尽管闽浙粤地区整体低碳物流环境明显改善，但内部各县市低碳物流硬环境差距仍较为明显。以广东省为例，过去几年广东省地方一般公共预算收入一直位居全国首位，一般认为广东是全国首富省份，殊不知粤东、粤西、粤北的经济已经大大落后于全国平均水平，交通基础设施建设落后，交通出行非常不便。内部物流基础设施环境的非均衡很大程度上阻碍了区域低碳物流能力的提高，增加低碳物流硬件设施投入，缩小硬环境差距，实现基本公共服务均等化至关重要。

一要完善交通运输网络。尤其要重视闽浙粤三省交通不发达地区，加快补齐交通基础设施短板。所谓"要想富，先修路"，完善的交通运输网络是发展低碳物流的必要条件，便利的交通运输网络，在扩大区域低碳物流覆盖范围的同时提高了运输效率，降低了能源消耗。

二要推广使用低碳运输工具。运输工具作为物流产业的重要组成部分，其质量和数量直接影响区域低碳物流的产业规模和供给能力。应推广使用新能源汽车、电动叉车等低碳运输工具来减少传统能源消耗量。加快发展铁路物流和水路物流，发挥其运量大、能耗低的优势，以充足的硬件设施扩大低碳物流产业规模。

（2）推广物流信息技术应用

低碳物流的发展与信息技术紧密相关。在信息高速发展的今天，物流信息技术被视为提高生产率和竞争能力的主要来源。低碳物流发展除了需要有硬件设施的投入，还需要软件技术的支撑，必须软硬"两手抓"。必须加强物流信息技术的推广应用，强化对信息资源的整合能力。通过物流信息技术，诸如无线射频技术（RFID）、条形码技术、电子数据交换技术（EDI）、GPS、GIS 等，将低碳物流的运输、仓储、配送等各个环节的信息有效集中，全面优化低碳物流管理，大幅提高低碳物流的运作效率，从产业软实力出发来扩大区域低碳物流规模。

（3）完善低碳物流人才培养体系

表 7-1 反映了 2013—2019 年闽浙粤地区物流从业人数的变化情况。在这期间，闽浙粤三省物流业从业人数有缓慢减少的趋势。物流人才作为物流业的重要组成部分，其数量多少直接制约了低碳物流产业规模的大小，影响区域低碳物流的长远发展。为满足区域低碳物流发展的人才需求，一要完善物流人才高等教育培养系统。依托高等教育培养后继人才，加大教育投入，强化学生对低碳物流理论的学习。二要创新物流人才培养模式，积极探索产学研结合的培养模式，利用多种教育环境，全面整合教育资源，实现低碳物流知识在物流产业中的全方位衔接。三要加强物流专业人才的交流和引进。为员工提供学习先进低碳物流管理知识和管理技术的机会，从源头提高物流人才对于发展低碳物流的认可度和重视度，增加物流人才以支持低碳物流产业规模的扩大。

表7-1 2013—2019年闽浙粤三省历年物流从业人数统计 ①（单位：万人）

年份	福建	广东	浙江	合计
2013	24.3	83.3	31.4	139
2014	24	85.4	32.7	142.1
2015	24.5	82.8	32	139.3
2016	23.4	81.1	31.5	136
2017	23.9	83.3	31.8	139
2018	23	86.4	30.1	139.5
2019	22.9	82.6	31.2	136.7

（4）增强低碳物流创新能力

低碳物流创新能力在企业保持低碳物流实践动力中起着决定性的作用，也是政企低碳物流博弈均衡结果的必然要求。对于企业而言，增强低碳物流创新能力不仅能够适应国际市场和国内市场需求的变化，甚至可以去引领低碳市场需求，从而获得可观的低碳市场利润。低碳物流创新能力的培养需要企业加大研发投入，为此可以呼吁政府部门给予相关的政策支持和补贴扶持，以此减轻企业在资金投入方面的压力和顾虑。此外，还需要企业有足够的耐心，提供低碳物流创新的时间、空间和机会，从企业的低碳物流实情出发，选择适合的创新模式和创新切入点，充分发挥低碳物流人才的创新能动作用，拓宽低碳物流创新融资渠道，积极完善低碳物流创新管理机制，为企业提高自身低碳物流管理能力注入源源不断的动力。

2．提高运营效率，提升低碳物流经济效益

第五章的分析显示，10年间闽浙粤地区物流产业规模发展趋势良好，呈现快速增长之势，然而物流业碳排放强度不降反增，此外第四章的分析表明闽浙粤三省社会物流费用与GDP的比重尽管有所下降，但与国外发达国

---

① 数据来源：福建省、广东省、浙江省历年统计年鉴。物流从业人员仍以交通运输、仓储和邮政业的从业数据来统计。

家 10% 的比重相比还有较大的差距，由此说明闽浙粤低碳物流存在规模增长较快而效益提升较慢的问题。解决此类问题的关键是要以产业基础和规模为依托，全面提高运营效率，提升低碳物流效益。

（1）升级水运系统，提升铁路运能，发展多式联运

闽浙粤三省拥有得天独厚的深水良港资源，铁路交通优势显著。然而从近十年闽浙粤物流运输结构来看，公路货运量比重过高，水运、铁路等运输方式承载的货运量虽然有所增加，但占比增速缓慢。运输结构的不够合理直接导致公路运输的高碳排放，水运、铁路运输运量大、效率高、低碳环保的优势发挥不出来。

建议升级水运系统，提升铁路运能，大力发展多式联运。引导重点港口大宗物资采用铁路、水运等绿色高效运输方式。合理选择运输方式，确保各运输方式的优势得以发挥。比如，在长距离运输方面，要舍弃以往多采取公路运输的传统方式，改为以铁路运输为长距离运输的首选，同时加大水运和航空在远距离运输中的应用，再以公路的短距离运输为辅助，充分发挥公路运输在"最后一公里"的高效性和适应性。用现代物流技术科学规划配送路线，充分发挥多式联运的优势，构建便捷、高效、环保的运输系统，提高物流效率，降低能源消耗，提高低碳物流的经济效益。

（2）构建物流公共信息平台，提高低碳物流效率

构建闽浙粤区域物流公共信息平台，实现闽浙粤三省之间物流、信息流、资金流的互联共享，打造高效有序的低碳物流市场。闽浙粤区域内部物流信息的全面公开和高速流通，有利于物流活动中的各种组织及时获取物流信息，实现各种资源的优化配置，推动物流降本增效促进实体经济发展。开展物流公共信息平台建设要强调以下几点内容：一要强化统筹规划统一部署。基于现有的网络基础，采用兼容的先进技术方法，整合现有资源，促进多种

信息系统之间的有效链接，避免重复投资建设。二要强调政府、行业和企业与客户之间的信息互通、信息沟通和交流，满足不同机构对于信息平台的不同需求，最大限度地满足低碳物流市场的需求，实现真正的资源共享和信息共用。三要分清轻重缓急，要优先满足迫切的低碳物流需求，提供最重要的应用功能，之后逐步推进和完善。

3．构建低碳物流体系，实现全程低碳运作

物流体系是指物品从生产地到消费地实体流动过程中，将运输、储存、装卸、搬运、包装、流通加工、配送、信息处理等基本功能实现有机结合而成的一个整体。闽浙粤区域低碳物流体系的建设与实施需要围绕以上基本功能模块来着手展开。如图 7-1 所示。

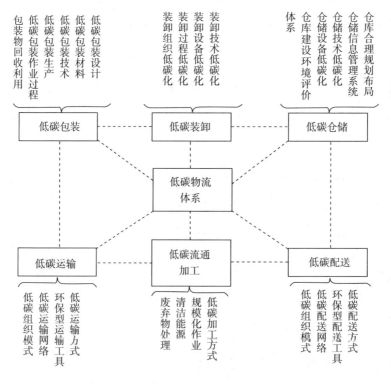

图 7-1　低碳物流系统框图

（1）低碳包装。包装是商品营销的一个重要手段，但过度包装容易造成环境和资源浪费问题。这就要求企业在环保相关要求下，将低碳理念执行于包装环节中，简化包装，大力推广环保绿色包装，力争包装材料在生产、使用及运输等环节，做到减量、节源、节能；严格按照国际、国内标准和行业标准选用包装材料，采用可降解、可重复使用的材料；提高包装废弃物的回收再利用率，节约资源，减少包装产品所产生的碳排放。

（2）低碳运输和仓储。运输和仓储是物流活动中的两个重要环节，这两项在物流总成本中的占比最高，且碳排放居高不下，发展低碳运输和低碳仓储是低碳物流发展的主要环节。低碳运输强调对运输路线进行合理规划，对运输工具和人员进行合理调度，发挥各种运输方式的综合利用优势和各自的比较优势，使用清洁燃料，提高运输工具实载率，最大限度地降低碳排放。低碳仓储主要考虑从仓储布局、功能结构和日常管理上去重点推动。一是要求仓库合理选址以节约运输成本；二是要求仓储布局科学以提高仓储面积利用效率，降低仓储成本；三是采用新型的绿色建筑技术和材料，实现仓储建筑的减排目标；四是采用先进的信息技术和手段实现仓储智能化，提高仓储运营效率；五是根据仓储物的性能和特点，实现物品的分类分区存储，借助先进的仓储信息管理系统实时掌握产、需、供、耗、存等情况，以促进物品的合理利用。同时加强在库物品的养护和管理，减少储存物品损耗。

（3）低碳装卸。装卸费用在物流费用中占有一定的比重，降低装卸费用对提高物流成本具有显著的意义。目前闽浙粤地区乃至全国大多数港口的装卸运输依然依赖内燃机驱动起重机，噪声大、排放超标、环境污染严重。2020 年 11 月，交通运输部发布了交通运输行业标准《港口内燃机驱动起重机能源利用效率检测方法》，闽浙粤地区应积极主动与行业内的同机型设备进行能源利用效率的对标，开展相关设备能源利用效率检测，努力提高港口内燃机驱动起重机的节能效果，引导改进生产工艺、提高设备生产和使用效率，促进节能减排政策的实施。上海洋山港四期自动化码头、上海长兴岛自动化码头示范区，作为国内港口绿色低碳发展的先行者，向全世界证明集装箱码头装卸也能低碳。闽浙粤三省港口众多，码头装卸效率可大力推崇洋山港和长兴岛码头的做法，对于低碳化的发展意义重大。

（4）低碳配送。近年来，闽浙粤三省积极响应并落实国务院《关于深入推进新型城镇化建设的若干意见》的文件精神，新型城镇化建设成效明显。新型城镇化建设业催生了极大的物流需求，激增的物流量以及能源短缺、环境污染等问题也日益凸显，迫切需要提升城市内、城际间的物流效率，加快城市配送"最后一公里"的建设。建议通过复制推广城市共同配送试点、开展公路甩挂运输试点、畅通"微循环"完善"多末端"、构建集成式城市物流配送体系等措施来实现配送低碳高效运作。

（5）低碳流通加工。低碳流通加工是指商品在进入流通领域后，按照客户的要求进行低碳化加工活动，如分割、裁剪、计量、分拣、拴标签、组装等。由于流通加工本身具有较强的生产特性，因此其对生态环境也有着重要的影响。实现低碳的途径主要包括：采用无污染或低污染的原料、燃料或再生型或可循环使用的资源，开展专业化集中流通加工，以规模作业方式提高资源利用率；集中处理商品加工中产生的边角余料和废料，实现与废弃物逆向物流的顺畅对接，将废弃物对环境的污染降到最低。

4. 建立低碳物流区域联盟，力促低碳物流协同发展

基于闽浙粤三省低碳物流发展能力和低碳物流绩效不平衡现状，提出建立低碳物流区域联盟，加强区域合作，形成优势互补，实现闽浙粤区域低碳物流协同发展。

（1）树立大区域观念，统筹区域发展

2011 年《海峡西岸经济区发展规划》提出，闽浙粤赣开展共建"海西 20 城"的战略举措，此联盟的成立为闽浙粤地区低碳物流合作发展创造了一个良好的开端。在提升区域低碳物流能力发展的道路上，倡导闽浙粤各省摒弃"单打独斗"的错误竞争观念，树立低碳物流协同发展的大区域观念，依托各省特有的区位、资源、产业和市场优势，加强低碳设施和低碳技术的合作与交流，打破物流领域条块分割的状况。基于发展低碳物流共识建立跨区域的低碳物流战略联盟，为提高低碳物流能力创造良好的合作环境，提高整个联盟区域物流效率，实现低碳物流能力的进一步提升。

（2）探索低碳物流最佳合作模式

闽浙粤三省除了要树立低碳物流的大区域观念，更重要的是寻求低碳物流合作和互补的最佳模式，合作模式的合理性直接影响了低碳物流联盟的成效。可借助第五章的低碳物流能力综合分析模型对闽浙粤三省内部各县市低碳物流能力开展综合评价，结合评价结果有针对性地加强区域低碳物流产业联动，充分发挥低碳物流能力较强地区的辐射作用，发挥各自的产业优势和资源优势，带动其他区域的发展。此外，闽浙粤三省低碳物流能力的优劣势各有不同，各省应该立足自身特点，在挖掘自身发展潜能、增强物流实力的同时，配合其他省份的低碳物流发展，以各省低碳物流的短板为突破口，加强低碳物流资源的互补作用，缩小相互之间的实力差距，共同促进东南沿海地区大物流建设。

5．多方主体协同整合，多管齐下推进低碳物流发展

低碳物流发展需要调动整个供应链上所有成员的积极性，经济发展与环境保护的冲突需要恰当地平衡各方面的利弊，并通过技术、管理、流程等多

方面的创新，来实现经济效益、社会效益和环境效益的多赢。闽浙粤地区低碳物流发展需要政府、行业、企业和公民的支持，应采取标本兼治、多管齐下的措施进行推动。

政府层面，低碳物流政策要先行。闽浙粤地区各级政府可以通过制定各种低碳减排法规和政策手段来实现监督和控制，将减少能耗降低碳排放的要求制度化。比如，开征碳税，引导企业与政府签订关于征收碳税的协议，如果企业达到协议规定的能效或减排就减少80%的碳税。再比如，政府对有利于低碳经济发展的生产者或经济行为给予财政补贴。政策的限制、法规的约束、措施的鼓励等都会是企业发展低碳物流的外部驱动力。

行业层面，应合理配置资源，提高行业管理水平和行业效率。根据第四章的分析可知，闽浙粤三省社会物流费用与GDP的比重尽管有所降低，但仍高于发达国家10%左右的水平，物流业能源消耗总量呈现缓慢上升趋势，低碳物流处于行业效率较低的状态。针对当前物流行业出现的问题，可以借鉴国内外低碳物流管理的成功经验，引进国内外低碳技术，提高行业现有信息技术水平；定期对从业人员进行低碳物流相关知识和技能培训，提高从业人员素质，引进发展低碳物流所需的专业人才，提高行业的管理水平。

企业层面，提高企业绿色意识，打造低碳品牌。企业必须高度重视环境保护的重要性，增强绿色环保意识，增强社会责任感，看到低碳战略可能为企业带来的市场机会。一要改善原有的经营方式，实现粗放型向集约型转变，调整车辆运力结构、探索低碳技术装备的技术革新，如在物流设备设施、车辆利用率、运输路线优化、仓库利用率、包装技术、低碳管理等方面进行改良和创新，构建物流信息平台，等等。如此一来，既顺应"低碳经济"时代发展潮流，又有利于企业长远健康高质量发展。二要加快企业环境标准化运作，物流环境、低碳运作标准、低碳管理水平等要主动向国际先进水平看齐。三要倡导企业专门建立以低碳物流绩效为目标的考核指标体系，开展低碳物流绩效评估，并根据评估结果制定、完善与低碳物流相关的制度和规划。

公民层面，普及低碳消费理念，增强低碳消费意识。坚持以人为本，借助"全国低碳日"主题宣传活动等形式和途径，广泛向社会各界宣传低碳发展理念和政策，倡导绿色低碳生活方式和消费模式，逐步形成全民践行低碳消费理念的社会氛围。引导公民加强低碳消费的关键在于，要使广大消费群体真真切切认识到绿色低碳消费的高性价比和高生态产出值。目前，仍然有不少消费者缺乏绿色低碳消费理念，攀比性消费、奢侈性消费、浪费性消费等现象时有发生。然而，真正有绿色低碳意识，对绿色产品和服务具有现实和潜在购买意愿的人群，却常常止步于产品高昂的价格和劣质的服务质量。因此，必须要强化绿色产品和服务供给，引领消费，切实提升社会公众对绿色产品和服务的获得感，进而不断巩固和增强低碳消费意识，促进低碳消费价值观的形成。此外，建议建立健全参与低碳活动的激励机制，鼓励机关、企事业单位和城乡居民主动承担节能减碳义务。

本章小结

低碳物流对于物流行业来说是一个挑战和机遇并存的选择。社会在转型，全球变暖、能源危机问题日益突出，物流业必须走低碳绿色物流之路方能在未来立于不败之地。

本章首先结合闽浙粤地区低碳物流能力和低碳物流绩效现状，提出闽浙粤三省低碳物流发展定位：整合区域物流产业资源，力争打造"立足东南沿海、引领全国、辐射全球的现代低碳物流发展标杆省份"，走出一条适合实际、具有重要示范和借鉴意义的物流业转型发展之路、环境改善之路、生态治理之路。其次，提出了闽浙粤地区低碳物流发展总体战略，简单概括为市场运作，政府引导；创新驱动，高端发展；完善标准，降本增效；统筹规划，协同发展。最后，提出加快闽浙粤地区低碳物流快速健康发展的相关建议，包括增强软硬件实力，提高低碳物流竞争力；提高运营效率，提高低碳物流经济效益；构建低碳物流体系，实现全程低碳运输；建立低碳物流区域联盟，力促低碳物流协同发展；多方主体协同整合，多管齐下推进低碳物流发展。

第八章

研究结论与未来展望

第 1 节 研究结论

物流业是能源消耗较大、碳排放量较大的产业之一，发展低碳物流能够有效促进低碳经济发展这是必然。国内关于物流业的低碳探索还比较有限，低碳物流相关的法律法规体系尚不健全，低碳物流发展相关的技术设备还比较落后，企业低碳物流意识还比较欠缺，低碳物流相关的激励机制和约束机制尚未形成。在此背景下，本书以闽浙粤三省为调研对象，重点围绕闽浙粤三省的低碳物流发展现状、低碳物流能力、低碳物流综合绩效三个方面的内容展开深入探讨。通过分析得出以下结论：

闽浙粤三省的低碳物流发展已初见成效，表现为低碳物流竞争环境明显改善、低碳物流实力明显增强、低碳物流发展潜力明显提高。然而，闽浙粤三省低碳物流能力呈现非均衡发展态势，福建省的低碳物流能力与浙江省、广东省相比，还存在一定的差距，对于闽浙粤地区而言，实现物流低碳化发展还有很长的路要走。

钢铁业是制造业中碳排放量最大的行业，钢铁业物流的低碳发展对于推动生态环境保护与持续发展意义重大，然而闽浙粤三省钢铁企业的低碳物流绩效参差不齐，低碳转型之路任重道远。未来钢铁业应着力化解产能过剩，实现脱困发展，打造低碳节能高效产业链；钢铁业低碳物流发展应从"质"和"量"两个方面下功夫："质"上，应提高钢铁行业的低碳物流发展质量，切实提高单个产品污染物排放和能源消耗水平。"量"上，应切实降低污染物排放和能源消耗的总量。质和量双管齐下，共同助力实现钢铁业低碳物流发展的愿景。

闽浙粤地区低碳物流发展的战略定位是将闽浙粤打造成为立足东南沿海、引领全国、辐射全球的现代低碳物流发展标杆省份。要实现这个伟大的战略定位，需牢固树立和贯彻落实创新、协调、绿色、低碳、发展理念，以提高物流效率、降低物流成本、缓解资源和环境压力为重点，以市场为导向，以改革为动力，以技术为支撑，以创新为核心，以管理为基础，通过宏观、微观措施双管齐下，形成整体合力来推动，这是一个持续而长期积累的过程。宏观层面，需加强市场运作和政府引导、持续推动创新驱动，引领高端发展、加快完善物流标准，实现降本增效、着力开展物流业发展统筹规划，实现闽浙粤三省协同发展；微观层面，要增强软硬件实力，提高低碳物流竞争力、提高运营效率、提升低碳物流经济效益、构建低碳物流体系，实现全程低碳运作、建立低碳物流区域联盟，力促低碳物流协同发展、多方主体协同整合，多管齐下推进低碳物流发展。

尽管本书得到了一些具有实际意义的结论，取得了一定的成果，但由于笔者的理论水平、研究能力等主客观条件的限制，在研究方面还存在一定的不足，有待在后续的研究中不断完善和改进。具体体现在以下几个方面：

（1）研究内容存在一定的局限性。本书的研究局限于从低碳物流发展影响因素出发，重点研究区域低碳物流能力和低碳物流运营绩效两个方面。在后续的研究工作中，可考虑将低碳采购、低碳物流运营模式、低碳物流网络布局、低碳配送路径优化、低碳物流成本控制、低碳物流服务质量评估等方面的内容纳入研究体系中，进一步完善和充实本书的研究内容。

（2）评价指标存在一定的局限性。由于目前关于区域低碳物流能力综合分析和低碳物流绩效评价指标体系的构建研究较少，加之在采集相关行业企业数据上仍存在一定难度，可能导致所构建的评价指标体系尚不完备，需要在后续的研究中，持续从广度、深度、力度上发力，进一步加强和企业的合作对接，进而根据企业实际情况对指标体系进行优化调整。

（3）数据资料存在一定的局限性。目前关于物流产业的基础性经济统计资料严重缺乏，有关物流企业层面碳排放的数据也几乎没有，本书是以交通运输、仓储和邮政业来近似代替物流行业，从而获得物流行业发展的相关数据，而物流行业碳排放的数据只能通过测算来获得，与准确值之间难免存在偏差。此外，由于国家、各省统计口径不一，会导致个别数据获取不到，只能通过间接推算来获得。由于二者之间不能完全对等，所以模型验算的结果会略微有些偏差。因此，多样化的统计口径有待统一，相关统计数据有待继续完善。

（4）战略和建议存在一定的局限性。本书主要采集了2010—2019年的样本数据，根据闽浙粤三省近十年的低碳物流发展实情和模型验算结果提出发展战略和建议，因此所提出的战略建议也只是阶段性的。此外，受时间限制和行业企业数据采集困难的限制，目前只针对钢铁行业低碳物流绩效进行综合评估，在后续的研究中，会考虑逐步将闽浙粤地区的其他高碳高能耗产业纳入研究体系之中。

总体而言，随着我国物流业的快速发展和低碳理念的深入推进，未来学术界关于低碳物流的研究将更多地向微观主体转移，物流业数据也将更加强调精准化，研究方法将更加注重实证研究和定量分析，强调运用数学建模解决低碳物流发展中面临的各类复杂的决策问题，而闽浙粤三省乃至全国的物流业低碳实践也必将得到较大提升。

第 2 节　未来展望

1. 低碳物流未来发展新特点和新趋势

低碳物流是低碳经济中的重要一员，物流业低碳发展是低碳经济发展的必然趋势，也是生态环境保护需要重点研究的内容。物流业走低碳之路是21 世纪经济可持续发展的客观要求，更是我国物流行业积极承担应对全球气候变化责任，适应新时代新形势的必然选择。如今，以低碳化和高效率为主要特征的物流已成为闽浙粤三省物流业发展的重要方向，并将在促进各省产业转型升级、资源合理化运用、供给侧结构性改革等方面做出巨大贡献。

近年来闽浙粤地区各级人民政府对低碳物流予以高度重视，先后出台一系列推动低碳物流高质量发展的政策举措（见第 4 章），建立了物流行业低碳认证体系，落实了节能减排责任制，物流低碳化发展初见成效。虽然当前闽浙粤地区乃至全国的低碳物流发展还处于起步阶段，但随着国家、行业、企业、广大消费群体对低碳物流认知度的提高、低碳物流相关法律法规的健全、低碳物流技术的进步、低碳物流设备设施的完善，闽浙粤地区低碳物流的发展将会呈现出一系列的新特点和新趋势。

（1）健全的低碳物流政策和标准

随着全球范围内低碳化趋势的愈演愈烈，低碳物流这一种新兴物流发展模式在全国各地区将得到普遍推广应用。低碳物流的发展需要健全的低碳政策和标准提供良好的制度保障。可以预见，未来统一的低碳物流标准体系和企业低碳物流绩效考核体系将会出台，科学有效的碳排放监督测量机制将会建立，有关碳税和融资等方面的优惠政策及监管政策会逐步落实，对企业的物流低碳化行为的扶持力度会逐步加大，对物流活动低碳化的监管和控制会更加严格，对企业低碳物流的考核认证将实现有章可循、有据可依。例如，未来可能会出台低碳物流保护补助机制，即对企业低碳物流运行中出现的重大经济损失，经审核后酌情发放专项的补助基金。同时，对于出现的违反相关低碳物流发展政策的行为予以严厉的打击。只有从政策及法规上加大对低碳物流的发展力度，构建完善的低碳物流经济体系才会更加有效与可控。

（2）物流服务低碳化

随着低碳经济时代的到来，客户和社会对物流服务的要求越来越高，物流服务的内涵将得到延伸。一方面表现在提供的低碳物流服务内容更加丰富，服务内容将不再局限于目前传统的低碳运输和低碳仓储等基本服务，在低碳物流信息服务、低碳物流方案规划与设计、低碳物流策略与评价等方面的服务工作将全面展开；另一方面表现在物流服务考核的标准会更加全面，物流低碳化水平的指标将会纳入到物流服务质量考核体系中，服务低碳化水平将成为衡量企业物流服务质量的一个非常重要的指标。因此，物流服务低碳化是物流行业今后发展的一个趋势。现代物流服务低碳化表现在很多方面，如低碳物流金融服务、清洁能源应用水平、低碳物流技术、低碳物流标准、低碳物流人才、低碳物流基础设施、低碳物流组织与管理等。

（3）物流手段低碳化

现代物流使用先进的技术、设备与管理为客户提供生产、服务、流通、销售，物流的范围越广，其技术、设备及管理就越需要现代化。闽浙粤三省物流低碳化的有效实现，离不开低碳物流技术的支持。计算机网络技术、条码技术、电子数据交换、全球卫星定位系统、无线射频技术、人工智能技术、物联网等低碳物流技术的应用将得到普及，低碳物流的发展将实现机械化、自动化、无纸化、智能化和信息化。借助于先进技术、设备和管理手段，物流活动流程将得到优化，物流资源配置将更趋于合理，低碳物流运作效率将得到大幅度提高，每单位碳排放量将实现更高的劳动产出。此外，物流设施设备的低碳改造将持续跟进，太阳能、风能等各类清洁能源在物流领域将得到普及，清洁能源车的技术将逐渐成熟，稳定性得以增强，配套设施逐步完善，清洁能源车将得到大范围的推广应用。企业对于倡导低碳物流发展达成共识，低碳设计将在物流实践中继续延伸下去。

（4）物流活动低碳化

现代物流在创造价值的过程中，也会给社会环境带来有害的影响，如污染物排放、运输工具的噪声、能源的过度消耗、交通堵塞等，以及生产及生活中的废弃物的不当处理对环境造成的不利影响。为此，21世纪对物流提出了新的要求，即在获得经济利益的同时兼顾社会效益，最大限度地实现整个物流活动的低碳化，最大限度地降低能耗和环境污染。未来物流活动的低碳化将表现在两个方面：一是对物流系统污染进行控制，即在开展物流活动或是从事物流系统决策与规划工作时，在保证利益的前提下，尽量选择对环境污染最小的方案，如选取排污量较低的货车开展近距离的夜间送货，既能避免交通拥堵问题，又能减少配送里程，提高送货速度，从而能有效节省燃料和降低排放；二是建立生产、生活废料处理的物流系统，开展废弃物集中返还，通过拆解、清运等活动将废旧资源"变废为宝"，实现低碳循环利用。比如，电视机、电冰箱等大件废旧家用电器由生产企业负责回收和再生利用。从环境的角度来看，对现有的物流体系进行改造，需要形成一个环境共生型的物流管理系统，形成一种能促进消费生活和经济同时健康发展的物流体系，推动物流系统向低碳环保型和循环型转变。

（5）低碳逆向物流快速增长

近年来，一些发达国家的规模企业早已发现了逆向物流市场蕴藏的巨大商机，纷纷将逆向物流提升到企业发展战略的高度，制定并实施逆向物流战略，将其视为降低物流成本、增强竞争优势、提高供应链整体绩效的新的动力源泉。对于我国大多数企业而言，在低碳正向物流中持续创造效益并保持竞争力是非常艰巨的挑战，因此很少有企业会积极主动去应对低碳逆向物流带来的挑战，更不会重视低碳逆向物流背后隐藏的巨大商机。然而，随着低碳物流发展日益成熟，低碳正向物流的竞争越发激烈，低碳正向物流的利润空间越来越小，与此同时，客户的低碳物流服务需求日益增长，资源和环境保护意识日益增强，新的环境法规日益健全，企业在多重压力和挑战下需要寻找新的出路，多重因素迫使企业开始重视低碳逆向物流的发展，从而带来低碳逆向物流的快递增长。

2. 低碳物流未来发展模式

（1）基于产品生命周期的低碳物流运作模式

为响应可持续发展战略，应该从产品的生命周期角度切入，从产品原材料或零部件的采购阶段开始，制定物资供应物流的低碳化、生产物流的低碳化、销售物流的低碳化、产品回收及废弃物处理的低碳化策略。

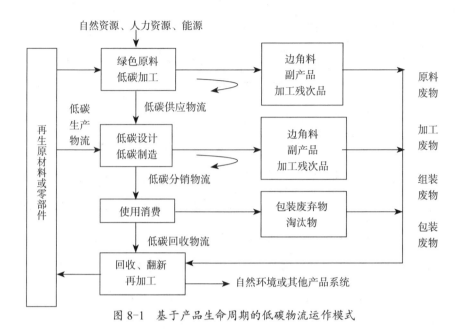

图 8-1 基于产品生命周期的低碳物流运作模式

如图 8-1 所示，从产品的生命周期流程来看，低碳物流运作模式可以分成 4 个大的阶段：第一个阶段是原材料、零部件供应商和生产商之间的低碳供应物流，原材料、零部件等将向生产集约化、绿色化、减量化、可循环化等方向发展；第二个阶段是生产商内部的低碳生产物流；第三个阶段是生产商和分销企业、零售企业之间的低碳分销物流；第四个阶段是消费领域中的产品因退货、返修以及废弃物处理等而产生的回收物流。在产品生命周期中产生的原料废物、加工废物、组装废物、包装废物等直接进入内部回收系统，经回收、翻新或再加工后实现再利用，有利于最终废弃物量的减少，有利于节约资源，也有利于经济效益和竞争能力的提高。因此，图 8-1 模型实际上是一种物料低碳循环物流系统。低碳物流运作模式的 4 个主要阶段表述如下：

①低碳供应物流。供应物流的低碳化即原材料、零部件获取过程的低碳化，包括低碳供应商的评价与选择、原材料和零部件的低碳采购和低碳运

输。原材料采购是低碳物流的源头，必须从源头开始严格控制碳排放。提高资源投入效率，降低不必要的浪费，尽可能地使用环保、可再生、可重复、可回收、可多次利用的绿色原材料、设备和相关产品。建立低碳采购战略和标准、选择绿色低碳供应商、对原材料和零部件的质量进行严格把关。通过低碳运输方式将原材料和零部件送达生产商指定的交货地点。

②低碳生产物流。生产物流主要担负着生产过程中物料的输送、存储、装卸等任务。为实现生产物流低碳化，首先要开展产品低碳设计，产品的设计阶段是否融入低碳理念直接决定了产品是否具备低碳功能。产品的低碳设计理念会影响产品的风格设计、产品原材料选择、产品的使用过程、产品的储运过程、产品的回收等方面。举例来说，选择可再生、使用寿命较长的环保型材料，该环保型材料在生产过程中产生的污染和能耗少，产品使用完后能被降解或是回收再利用，形成一种良性循环。再比如，通过改变产品结构形式解决储运中遇到的难题，等等。其次，必须以低碳绿色生产技术为基础，通过不断优化组织管理手段和改进生产加工工艺，提高资源利用率并减少污染物的产生和排放。最后，加强内部物流活动的紧密衔接，减少不必要的装卸搬运，加强内部的回收循环，提高资源利用率。

③低碳分销物流。商品分销是商品价值形成的重要环节。有了低碳供应和低碳生产，还需要有低碳分销。分销过程的时间消耗长，环节最为复杂，要实现分销物流的低碳化，首先要实现分销网络的合理规划布局，低碳分销网络应该有利于实现运输的优化，也能充分利用铁路、水路等更加环保的运输方式。分销物流主要涉及包装、运输、仓储、装卸搬运、流通加工和信息处理等几个专业物流活动，要尽量采用低碳技术和设备，通过低碳的组织经营管理来实现分销全程的低碳化。

④低碳回收物流。回收物流是指在供应、生产、流通、消费过程中所产

生的边角余料、废料、不合格品、包装废弃物等从供应链的下游返回到供方所形成的物流活动。低碳回收物流强调在回收物流的各环节作业中，要充分利用资源和能源，减少碳排放量，在保护生态环境的前提下提高经济效益。未来可以围绕以下几个方面来考虑：一是开展集中返还，实现低碳循环。考虑到单个地区因消费所产生的生产、生活废弃物等数量有限，针对单个地区专门开展逆向物流，会造成运输工具不满载、载重量和容积的利用率不高等问题，直接导致逆向物流成本较高、资源浪费严重等不良后果。通过生产商、分销商、零售商等逆向物流主体联合起来，将各地废弃物进行集中统一返回到逆向物流回收企业，可以有效解决此类问题。二是构建逆向物流信息平台。通过合理构建逆向物流信息平台来实现各逆向物流主体之间的有效沟通，最终推动逆向物流的低碳化改善。三是开展低碳化运输。积极发展使用新能源汽车，构建社会化的运输体系，打破以往企业各自为政、各顾各的运输状态，实现运输的混载化和社会化，统一安排低碳运输工具，避免不合理运输，最大限度上减少碳排放量。

（2）基于供应链的低碳循环物流运作模式

低碳循环物流系统运行的目标在于实现资源消耗和能源消耗的最小量化、碳排放的最少量化。按照低碳循环物流的减量化、再利用、再循环的原则，从供应商到生产企业和分销企业，再到消费者的整个供应链范围的低碳循环物流运作模式，如图 8-2 所示。

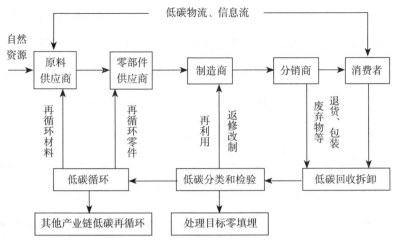

图 8-2　基于供应链的低碳循环物流运作模式

低碳循环物流运作模式如下：原料、零部件供应商通过低碳供应物流，提供绿色可循环材料给生产商，生产商进行产品的低碳减量化设计和生产加工；产成品出厂后经流通环节最后进入消费领域，终端用户将退货品、报废品等送达生产商设立的回收中心，也可以通过分销企业进行集中受理再运往回收中心进行处理；在回收中心，对汇集的退货品、废弃品等开展分类、检验等一系列预处理过程，相关物品分别进入不同的低碳循环渠道；适合翻修改制的产品直接送生产商重新组装成"新"产品，再次进入分销领域，不能整体利用的产品通过拆卸进入再循环，再循环零部件通过低碳循环再次流向零部件供应商，再循环材料则再次流向原材料供应商；经过上述低碳循环物流系统运作后，最终必然有一部分物料无法被再次利用或进入其他产业链，这些物料将经过焚烧或填埋处理。

低碳循环物流涉及供应链上的所有企业，每个企业在整个低碳循环物流系统中都要积极发挥各自的作用，推动整个物流系统的低碳循环运转。具体如下：

①供应商的低碳、减量化协作。按照低碳循环物流的低碳、减量化原则

要求，产品所需的原材料、零部件、包装材料等供应物资必须具有环境友好的特性，而且也是减量化的、便于拆卸和再循环的，供应物流各个活动环节的开展也应是低碳节能环保的。因此，生产制造企业在开展低碳产品设计和生产时，就应该把企业的低碳采购行为和供应商的低碳供应行为纳入环境管理的范畴。

②供应链上下游企业联合开展低碳循环再利用。低碳循环再利用主要是对丧失功能的产品进行修复、对损坏的零部件进行更换，使产品再度恢复功能，在此过程中同样要追求低碳化。低碳循环再利用的实现需要消费群体、制造商、分销商等之间开展密切合作，在实现经济回报和环境效益的同时，推动物流系统的低碳循环运作。

③消费群体积极支持和参与低碳循环物流活动。无论是经过维修、翻修、改制得到的产品，还是经过低碳再循环得到的再生资源，假设消费者没有需求，低碳循环系统也无法运转下去。因此，产品的低碳供应、低碳生产、低碳销售、低碳循环再利用等低碳循环物流活动需要得到广大消费群体的大力支持，为建设低碳循环社会做出自己的贡献。

附　录

附录1 基于 DEMATEL 的区域低碳物流
能力调查问卷

区域低碳物流能力调查问卷

敬启者：

您好，这是一份有关"区域低碳物流能力影响因素"的学术问卷，目的在于找出各影响因素间的因果关系，并确定每个因素在低碳物流这个系统中的地位，并从中找到可以改善的地方，帮助企业提高低碳物流能力，为区域低碳物流发展和生态环境改善出一份力。

问卷所得资料仅供学术研究之用，绝不对外开放，因此恳请您依个人专业角度安心作答，您的帮助将是此研究计划成功的关键。填答本问卷可能占用您些许宝贵的时间，在此由衷感谢您拨冗协助与鼎力支持，并致上最诚挚的谢意。谢谢！

填写说明： 本问卷内容分三个部分，分别是个人基本资料、问题重要性评价、因素间相互影响评价。**请您在填写本问卷之前，务必详阅下列说明。**

区域低碳物流能力影响因素指标体系设计如下：

构面	准则	指标
低碳物流环境条件（A）	A_1 经济环境	人均 GDP（C_1）
		人均财政收入（C_2）
		人均社会消费品零售总额（C_3）
		人均进出口总额（C_4）
		城乡居民人均储蓄存款总额（C_5）
	A_2 政策环境	政府管理能力（C_6）
	A_3 地理环境	区位条件（C_7）
低碳物流实力条件（B）	B_1 物流基础设施设备	人均道路面积（C_8）
		人均电信业务总量（C_9）
		公路网密度（C_{10}）
		铁路网密度（C_{11}）
		人均物流业固定资产投资（C_{12}）
		人均物流业产值（C_{13}）
		物流从业人员比重（C_{14}）
		人均货物周转量（C_{15}）
		人均旅客周转量（C_{16}）
		人均货运量（C_{17}）
	B_2 物流产业效率	从业人员人均实现物流业增加值（C_{18}）
		物流业对 GDP 的贡献率（C_{19}）
		商流竞争力（C_{20}）
		物流竞争力（C_{21}）
低碳物流发展潜力（C）	C_1 低碳物流后续发展能力	物流业固定资产投入增长率（C_{22}）
		物流从业人员增长率（C_{23}）
		物流业产值增长率（C_{24}）
		城乡居民人均储蓄存款增长率（C_{25}）
		金融机构人均各项贷款余额（C_{26}）
		金融机构各项存款余额（C_{27}）
物流业低碳水平（D）	D_1 物流业碳排放强度	物流业碳排放强度（C_{28}）

问卷开始

一、个人基本资料

（一）姓名：_____

（二）性别：1.□男性　　　2.□女性

（三）年龄：1.□30岁（含）以下　　2.□31～35岁

　　　　　　3.□36～40岁　　　　4.□41～45岁

　　　　　　5.□46～50岁　　　　6.□51岁（含）以上

（四）教育程度：1.□专科　　2.□本科　　3.□硕士（含）以上

（五）职业类别：1.□物流专业老师　　2.□物流工作者

二、问题重要性评价

请依区域低碳物流能力各因素的影响程度，勾选每一个问题的评分等级。

编号	问题项目	重要性评价				
		不重要	低度重要	中度重要	高度重要	极高度重要
A	低碳物流环境条件对于区域低碳物流能力的影响程度	□	□	□	□	□
B	低碳物流实力条件对于区域低碳物流能力的影响程度	□	□	□	□	□
C	低碳物流发展潜力对于区域低碳物流能力的影响程度	□	□	□	□	□
D	物流业低碳水平对于区域低碳物流能力的影响程度	□	□	□	□	□

编号	问题项目	重要性评价				
		不重要	低度重要	中度重要	高度重要	极高度重要
A_1	经济环境对于区域低碳物流能力的影响程度	☐	☐	☐	☐	☐
A_2	政策环境对于区域低碳物流能力的影响程度	☐	☐	☐	☐	☐
A_3	地理环境对于区域低碳物流能力的影响程度	☐	☐	☐	☐	☐
B_1	物流基础设施设备对于区域低碳物流能力的影响程度	☐	☐	☐	☐	☐
B_2	物流产业效率对于区域低碳物流能力的影响程度	☐	☐	☐	☐	☐
C_1	低碳物流后续发展能力对于区域低碳物流能力的影响程度	☐	☐	☐	☐	☐
D_1	物流业碳排放强度对于区域低碳物流能力影响程度	☐	☐	☐	☐	☐

三、准则间相互影响评价

问题重要性评估标准	没影响	低度影响	中度影响	高度影响	极高度影响
	0	1	2	3	4

◆ 范例说明

	列编号	A	B	C	D
行编号	问题项目	低碳物流环境条件	低碳物流实力条件	低碳物流发展潜力	物流业低碳水平
A	低碳物流环境条件	■			
B	低碳物流实力条件		■		
C	低碳物流发展潜力		3	■	
D	物流业低碳水平				■

若您认为低碳物流发展潜力这个因素对低碳物流实力条件这个因素的影响度是低度影响，则填入评分等级 1；同理，若您认为低碳物流发展潜力这

个因素对低碳物流实力条件这个因素的影响度是高度影响，则填入评分等级
3，以此类推。

◆　构面间相互影响评价

题目1：请给予构面间相互影响一个数值；评分等级范围0~4，分为5
个等级。

行编号	列编号\n问题项目	A\n低碳物流\n环境条件	B\n低碳物流\n实力条件	C\n低碳物流\n发展潜力	D\n物流业\n低碳水平
A	低碳物流环境条件	■			
B	低碳物流实力条件		■		
C	低碳物流发展潜力			■	
D	物流业低碳水平				■

◆　因素间互相影响评价

题目2：您认为经济环境这个因素对其他因素的影响度为何？

行编号	列编号\n问题\n项目	A_1\n经济\n环境	A_2\n政策\n环境	A_3\n地理\n环境	B_1\n物流基础\n设施设备	B_2\n物流产\n业效率	C_1\n低碳物流后\n续发展能力	D_1\n物流业碳排\n放强度
A_1	经济\n环境	■						

（0：没影响；1：低度影响；2：中度影响；3：高度影响；4：极高度影响）

题目3：您认为政策环境这个准则对其他准则的影响度为何？

行编号	列编号\n问题\n项目	A_1\n经济\n环境	A_2\n政策\n环境	A_3\n地理\n环境	B_1\n物流基础\n设施设备	B_2\n物流产\n业效率	C_1\n低碳物流后\n续发展能力	D_1\n物流业碳排\n放强度
A_2	政策\n环境		■					

（0：没影响；1：低度影响；2：中度影响；3：高度影响；4：极高度影响）

题目 4：您认为地理环境这个准则对其他准则的影响度为何？

行编号	列编号 问题 项目	A_1 经济 环境	A_2 政策 环境	A_3 地理 环境	B_1 物流基础 设施设备	B_2 物流产 业效率	C_1 低碳物流后 续发展能力	D_1 物流业碳排 放强度
A_3	地理 环境			■				

（0：没影响；1：低度影响；2：中度影响；3：高度影响；4：极高度影响）

题目 5：您认为物流基础设施设备这个准则对其他准则的影响度为何？

行编号	列编号 问题 项目	A_1 经济 环境	A_2 政策 环境	A_3 地理 环境	B_1 物流基础 设施设备	B_2 物流产 业效率	C_1 低碳物流后 续发展能力	D_1 物流业碳排 放强度
B_1	物流基础 设施设备				■			

（0：没影响；1：低度影响；2：中度影响；3：高度影响；4：极高度影响）

题目 6：您认为物流产业效率这个准则对其他准则的影响度为何？

行编号	列编号 问题 项目	A_1 经济 环境	A_2 政策 环境	A_3 地理 环境	B_1 物流基础 设施设备	B_2 物流产 业效率	C_1 低碳物流 续发展能力	D_1 物流业碳排 放强度
B_2	物流产 业效率					■		

（0：没影响；1：低度影响；2：中度影响；3：高度影响；4：极高度影响）

题目7：您认为低碳物流后续发展能力这个准则对其他准则的影响度为何？

行编号	列编号	A_1	A_2	A_3	B_1	B_2	C_1	D_1
	问题项目	经济环境	政策环境	地理环境	物流基础设施设备	物流产业效率	低碳物流后续发展能力	物流业碳排放强度
C_1	低碳物流后续发展能力						■	

（0：没影响；1：低度影响；2：中度影响；3：高度影响；4：极高度影响）

题目8：您认为物流业碳排放强度这个准则对其他准则的影响度为何？

行编号	列编号	A_1	A_2	A_3	B_1	B_2	C_1	D_1
	问题项目	经济环境	政策环境	地理环境	物流基础设施设备	物流产业效率	低碳物流后续发展能力	物流业碳排放强度
D_1	物流业碳排放强度							■

（0：没影响；1：低度影响；2：中度影响；3：高度影响；4：极高度影响）

问卷到此结束，麻烦您再次查阅是否全部作答完成。十分感谢您拨冗填写，在此由衷向您致上谢意！

附录 2　基于 AHP-DEMATEL 的低碳物流
绩效调查问卷

低碳物流绩效评估调查问卷

敬启者：

　　您好，这是一份有关低碳物流绩效评估的学术问卷，目的在于找出低碳物流绩效评估的关键要素，为低碳物流绩效评估工作的开展提供考评标准，帮助企业提高低碳物流绩效。本问卷所得资料仅供学术研究之用，绝不对外公开，因此恳请您依个人专业角度安心作答，您的帮助将是此研究计划成功的关键。填答本问卷可能占用您些许宝贵的时间，在此由衷感谢您拨冗协助与鼎力支持，并致上最诚挚的谢意。谢谢！

个人基本资料

（一）姓名：_____

（二）性别：1. □男性　2. □女性

（三）年龄：1. □ 30 岁（含）以下　2. □ 31~35 岁　3. □ 36~40 岁

　　　　　　4. □ 41~45 岁　　　　5. □ 46~50 岁　6. □ 51 岁以上

（四）教育程度：1. □专科　　2. □本科　　3. □硕士（含）以上

（五）职业类别：1. □物流专业老师 2. □物流相关职业 3. □医药相关职业

（六）工作单位：_____

第一部分

本问卷内容分为三个部分，分别是准则解释与说明、问题重要性评价、准则间相互影响评价。**请您在填写本问卷之前，务必详阅下列说明。**

一、准则解释与说明

构面	准则	准则说明
企业经济绩效	财务运营	包括总资产收益率、总资产周转率、主营业务增长率、资产负债率、销售利润率等 5 个指标
	成本费用	由管理费用、物流成本、废弃物处理成本、能耗费用等 4 个指标来反映
物流运营绩效	运作能力	表现为市场增长率、产销率、产需率、产品合格率这几个量化指标
	客户服务	通过客户满意度、准时交货率、准确交货率、订单完成率、低碳认知度来衡量
	业务流程	包括原材料供货能力、准时运输率、存货周转率、低碳信息共享程度等指标
低碳环保绩效	环境保护	主要通过单位产品二氧化碳排放量、环保投入占比来反映
	能源消耗	用单位产品综合能耗、单位产品新水消耗、固废综合利用率来衡量
	节能减排	包括年节约用水量、年节约能源总量、产品回收率、剩余能源回收率等

二、问题重要性评价

请依低碳物流绩效各要素的重要性，勾选每一个问题的评分等级。

编号	问题项目	重要性评价				
		不重要	低度重要	中度重要	高度重要	极高度重要
A	企业经济绩效对于低碳物流绩效的重要性	☐	☐	☐	☐	☐
B	物流运营绩效对于低碳物流绩效的重要性	☐	☐	☐	☐	☐
C	低碳环保绩效对于低碳物流绩效的重要性	☐	☐	☐	☐	☐

三、准则间相互影响评价

问题重要性 评估标准	没影响	低度影响	中度影响	高度影响	极高度影响
	0	1	2	3	4

◆ 范例说明

行编号	列编号 问题项目	A_1 财务 运营	A_2 成本 费用	B_1 运作 能力	B_2 客户 服务	B_3 业务 流程	C_1 环境 保护	C_2 能源 消耗	C_3 节能 减排
A_1	财务运营	■							
A_2	成本费用		■		2				
B_1	运作能力			■					
B_2	客户服务				■				
B_3	业务流程					■			
C_1	环境保护						■		
C_2	能源消耗							■	
C_3	节能减排								■

若您认为成本费用这个准则对客户服务这个准则的影响度是中度影响，则填入评分等级 2；同理，若您认为成本费用这个准则对客户服务这个准则的影响度是极高度影响，则填入评分等级 4，以此类推。

◆ 准则间互相影响评价

题目 1：您认为财务运营这个准则对其他准则之间的影响度为何？

行编号	列编号 问题项目	A_1 财务 运营	A_2 成本 费用	B_1 运作 能力	B_2 客户 服务	B_3 业务 流程	C_1 环境 保护	C_2 能源 消耗	C_3 节能 减排
A_1	财务运营	■							

（0：没影响；1：低度影响；2：中度影响；3：高度影响；4：极高度影响）

题目2：您认为成本费用这个准则对其他准则的影响度为何？

行编号	列编号 问题项目	A_1 财务 运营	A_2 成本 费用	B_1 运作 能力	B_2 客户 服务	B_3 业务 流程	C_1 环境 保护	C_2 能源 消耗	C_3 节能 减排
A_2	成本费用		■						

（0：没影响；1：低度影响；2：中度影响；3：高度影响；4：极高度影响）

题目3：您认为运作能力这个准则对其他准则的影响度为何？

行编号	列编号 问题项目	A_1 财务 运营	A_2 成本 费用	B_1 运作 能力	B_2 客户 服务	B_3 业务 流程	C_1 环境 保护	C_2 能源 消耗	C_3 节能 减排
B_1	运作能力			■					

（0：没影响；1：低度影响；2：中度影响；3：高度影响；4：极高度影响）

题目4：您认为客户服务这个准则对其他准则的影响度为何？

行编号	列编号 问题项目	A_1 财务 运营	A_2 成本 费用	B_1 运作 能力	B_2 客户 服务	B_3 业务 流程	C_1 环境 保护	C_2 能源 消耗	C_3 节能 减排
B_2	客户服务				■				

（0：没影响；1：低度影响；2：中度影响；3：高度影响；4：极高度影响）

题目5：您认为业务流程这个准则对其他准则的影响度为何？

行编号	列编号 问题项目	A_1 财务 运营	A_2 成本 费用	B_1 运作 能力	B_2 客户 服务	B_3 业务 流程	C_1 环境 保护	C_2 能源 消耗	C_3 节能 减排
B_3	业务流程					■			

（0：没影响；1：低度影响；2：中度影响；3：高度影响；4：极高度影响）

题目6：您认为环境保护这个准则对其他准则的影响度为何？

行编号	列编号	A₁	A₂	B₁	B₂	B₃	C₁	C₂	C₃
	问题项目	财务运营	成本费用	运作能力	客户服务	业务流程	环境保护	能源消耗	节能减排
C₁	环境保护						■		

（0：没影响；1：低度影响；2：中度影响；3：高度影响；4：极高度影响）

题目7：您认为能源消耗这个准则对其他准则的影响度为何？

行编号	列编号	A₁	A₂	B₁	B₂	B₃	C₁	C₂	C₃
	问题项目	财务运营	成本费用	运作能力	客户服务	业务流程	环境保护	能源消耗	节能减排
C₂	能源消耗							■	

（0：没影响；1：低度影响；2：中度影响；3：高度影响；4：极高度影响）

题目8：您认为节能减排这个准则对其他准则的影响度为何？

行编号	列编号	A₁	A₂	B₁	B₂	B₃	C₁	C₂	C₃
	问题项目	财务运营	成本费用	运作能力	客户服务	业务流程	环境保护	能源消耗	节能减排
C₃	节能减排								■

（0：没影响；1：低度影响；2：中度影响；3：高度影响；4：极高度影响）

第一部分问卷到此告一段落，感谢您的作答！

第二部分

本问卷主要希望通过各位专家的经验，协助课题团队在"低碳物流绩效评估"评选准则指标中，能够找出影响低碳物流绩效的关键指标，进一步得到影响低碳物流绩效的各准则的相对权重及相互间的因果关系。

请您依照专业的判断与经验，在8个准则中决定其相对重要性程度，这8个准则包括财务运营、成本费用、运作能力、客户服务、业务流程、环境保护、能源消耗、节能减排，请您依照下表的说明来作答。

评分标准请按照下表的标度标准（标度值反映了各元素相对重要性的估量），请对各指标之间的相对重要程度关系进行打分。

一、填答说明

对同一层次的两个不同变量的重要性的比较，采用1—9标度法进行打分。

标度	相对比较 （就某一准则而言）	说明
1	同样重要	两个因素同样重要
3	稍微重要	一个因素比另一个因素稍微重要
5	明显重要	一个因素比另一个因素明显重要
7	十分重要	一个因素比另一个因素重要得多
9	极端重要	有充分的证据显示某一个指标绝对重要
2、4、6、8	作为上述相邻判断的插值	为上述判断之间的中间状态
上列各值的倒数	两因素反过来比	

这种方法是在同一个层次对影响因素重要性进行两两比较。衡量尺度划分为9个等级，分别为极端不重要 1/9、十分不重要 1/7、明显不重要 1/5、稍微不重要 1/3、同样重要 1、稍微重要 3、明显重要 5、十分重要 7、极端重要 9。

例如，若您认为财务运营与成本费用相比为"十分重要"，那么请您在财务运营所在行和成本费用所在列的交义单元格内填上数字7，如下表所示：

企业经济绩效	财务运营	成本费用
财务运营		7
成本费用		

二、问卷内容

下列各组比较要素，对于低碳物流绩效的相对重要性如何？请您针对 8 个准则利用上述提到的方式开始进行比较。

1. 在以企业经济绩效为主要考量下，请就财务运营、成本费用，两两比较其相对重要性的程度为何？

企业经济绩效	财务运营	成本费用
财务运营		
成本费用		

2. 在以物流运营绩效为主要考量下，请就运作能力、客户服务、业务流程，两两比较其相对重要性的程度为何？

物流运营绩效	运作能力	客户服务	业务流程
运作能力			
客户服务			
业务流程			

3. 在以低碳环保绩效为主要考量下，请就环境保护、能源消耗、节能减排，两两比较其相对重要性的程度为何？

低碳环保绩效	环境保护	能源消耗	节能减排
环境保护			
能源消耗			
节能减排			

4.在以财务运营为主要考量下，请就总资产收益率、总资产周转率、主营业务增长率、资产负债率、销售利润率，两两比较其相对重要性的程度为何？

财务运营	总资产收益率	总资产周转率	主营业务增长率	资产负债率	销售利润率
总资产收益率					
总资产周转率					
主营业务增长率					
资产负债率					
销售利润率					

5.在以成本费用为主要考量下，请就管理费用、物流成本、废弃物处理成本、能耗费用，两两比较其相对重要性的程度为何？

成本费用	管理费用	物流成本	废弃物处理成本	能耗费用
管理费用				
物流成本				
废弃物处理成本				
能耗费用				

6.在以运作能力为主要考量下，请就市场增长率、产销率、产需率、产品合格率，两两比较其相对重要性的程度为何？

运作能力	市场增长率	产销率	产需率	产品合格率
市场增长率				
产销率				
产需率				
产品合格率				

7. 在以客户服务为主要考量下，请就客户满意度、准时交货率、准确交货率、订单完成率、低碳认知度，两两比较其相对重要性的程度为何？

客户服务	客户满意度	准时交货率	准确交货率	订单完成率	低碳认知度
客户满意度					
准时交货率					
准确交货率					
订单完成率					
低碳认知度					

8. 在以业务流程为主要考量下，请就原材料供货能力、准时运输率、存货周转率、低碳信息共享程度，两两比较其相对重要性的程度为何？

业务流程	原材料供货能力	准时运输率	存货周转率	低碳信息共享程度
原材料供货能力				
准时运输率				
存货周转率				
低碳信息共享程度				

9. 在以环境保护为主要考量下，请就单位产品二氧化碳排放量、环保投入占比，两两比较其相对重要性的程度为何？

环境保护	单位产品 CO_2 排放量	环保投入占比
单位产品 CO_2 排放量		
环保投入占比		

10. 在以能源消耗为主要考量下，请就单位产品综合能耗、单位产品新水消耗、固废综合利用率，两两比较其相对重要性的程度为何？

能源消耗	单位产品综合能耗	单位产品新水能耗	固废综合利用率
单位产品综合能耗			
单位产品新水能耗			
固废综合利用率			

11. 在以节能减排为主要考量下，请就年节约用水量、年节约能源总量、产品回收率、剩余能源回收率，两两比较其相对重要性的程度为何？

节能减排	年节约用水量	年节约能源总量	产品回收率	剩余能源回收率
年节约用水量				
年节约能源总量				
产品回收率				
剩余能源回收率				

问卷到此结束，麻烦您再次查阅是否全部作答完成。十分感谢您拨冗填写，在此由衷向您致上谢意！

附录3 相关表格数据

表1 福建省低碳物流能力综合分析的模糊物元矩阵

	M_1	M_2	M_3	M_4	M_5	M_6	M_7	M_8	M_9	M_{10}
C_1	0	0.113	0.201	0.287	0.377	0.443	0.543	0.695	0.870	1
C_2	0	0.196	0.348	0.543	0.674	0.761	0.826	0.891	0.978	1
C_3	0	0.093	0.188	0.288	0.390	0.502	0.610	0.738	0.872	1
C_4	0	0.368	0.471	0.581	0.640	0.544	0.500	0.713	0.846	1
C_5	0	0.081	0.198	0.308	0.364	0.468	0.555	0.666	0.795	1
C_6	0	0.769	0.769	0.769	0.769	0.769	0.769	0.923	0.846	1
C_7	0	0.769	0.769	0.769	0.846	0.923	0.923	0.923	0.923	1
C_8	0	1	0.176	0.093	0.117	0.232	0.221	0.273	0.911	1
C_9	0.275	0	0.029	0.043	0.087	0.145	0.043	0.159	0.565	1
C_{10}	0	0.069	0.194	0.454	0.542	0.723	0.838	0.906	0.952	1
C_{11}	0	0	0.106	0.145	0.460	0.779	0.779	0.770	1	1
C_{12}	0	0	0.160	0.160	0.300	0.560	0.640	0.760	0.940	1
C_{13}	0	0.111	0.222	0.333	0.444	0.556	0.667	0.778	0.889	1
C_{14}	0.560	0.920	0.080	0.360	0.840	0.600	0.360	0	1	0.800
C_{15}	0	0.086	0.172	0.180	0.352	0.477	0.594	0.719	0.883	1
C_{16}	0	0.083	0.250	0.250	0.500	0.500	0.583	0.833	0.917	1
C_{17}	0	0.138	0.274	0.458	0.680	0.654	0.781	0.944	1	0.934
C_{18}	0	0.029	0.260	0.208	0.150	0.318	0.329	1	0.954	0.723
C_{19}	1	0.673	0.547	0.397	0.308	0.299	0.234	0.173	0.028	0
C_{20}	0.902	1	0.998	0.631	0.431	0.241	0.636	0.146	0	0.797
C_{21}	0.550	0.833	0.614	1	0.925	0.304	0.333	0.350	0.145	0
C_{22}	1	0.077	0.651	0	0.563	0.776	0.214	0.276	0.401	0.135
C_{23}	0.578	0.319	0.606	0.062	1	0.298	0.283	0.215	0.601	0
C_{24}	0.742	0.110	0.387	0	0.313	0.464	0.426	1	0.185	0.601
C_{25}	0.856	0.602	1	0.688	0	0.465	0.236	0.344	0.422	0.868
C_{26}	0	0.086	0.175	0.269	0.380	0.482	0.596	0.706	0.832	1
C_{27}	0	0.096	0.208	0.338	0.427	0.590	0.709	0.818	0.873	1
C_{28}	1	0.919	1	0.883	0.704	0.712	0.901	0.550	0.232	0

表 2 2010—2019 年福建省社会物流总费用及其占 GDP 比值情况

年份	福建省社会物流总费用（亿元）	福建省社会物流总费用占GDP 的比重（%）	全国社会物流总费用占GDP 的比重（%）
2010	3169.16	17.4%	17.80%
2011	3038.27	17.3%	17.80%
2012	3381.59	17.2%	17.20%
2013	3800.00	17.4%	17.30%
2014	4148.68	17.2%	16.80%
2015	4414.19	17.0%	16%
2016	4648.14	16.8%	14.90%
2017	4889.85	16.0%	14.60%
2018	5129.45	15.4%	14.80%
2019	5416.70	15.0%	14.70%

表 3 2010—2019 年福建省物流业增加值及占第三产业增加值比重

年份	福建省交通运输、仓储和邮政业增加值（亿元）	增长速度（%）	福建省第三产业增加值（亿元）	占第三产业增加值比重（%）
2010	846.83	8.8	6027.39	14
2011	885.84	4.6	7108.94	12.5
2012	943.01	6.5	8034.79	11.7
2013	979.59	3.9	8953.16	10.9
2014	1037.93	6.0	9921.15	10.5
2015	1110.20	7.0	11150.94	10
2016	1184.67	6.7	12780.61	9.3
2017	1309.33	10.5	15337.30	8.5
2018	1376.22	5.1	17461.00	7.9
2019	1484.58	7.9	19217.03	7.7

表4 2011—2019年浙江省邮政业务量情况表

年份	邮政业务总量（亿元）	快递业务量（万件）	邮政业务量占全国比重（%）	快递业务量占全国比重（%）	全国邮政业务总量（亿元）	全国快递业务量（万件）
2011	150.89	49661	9.4	13.5	1607.71	367311.1
2012	215.2	81987	10.6	14.4	2036.84	568548
2013	327.94	141953	12.0	15.5	2725.08	918674.9
2014	538.75	245745	14.6	17.6	3696.08	1395925.3
2015	811.01	383146	16.0	18.5	5078.7	2066636.8
2016	1250.75	598770	16.9	19.1	7397.2	3128315.1
2017	1728.4	793231	17.7	19.8	9763.7	4005591.9
2018	2326.2	1011051	18.8	19.9	12345.2	5071042.8
2019	3177.67	1326252	19.6	20.9	16229.6	6352291

表5 2010—2018年浙江省第三产业增加值及其占GDP比重、
实际增长指数统计表

年份	第三产业增加值（亿元）	占GDP比重（%）	实际增长指数
2010	12063.82	43.5	112.3
2011	14180.23	43.9	109.5
2012	15681.13	45.24	109.4
2013	17337.22	46.1	108.7
2014	19221.51	47.85	108.59
2015	21341.91	49.76	111.33
2016	24091.57	50.99	109.73
2017	27602.26	53.32	109.21
2018	30724.3	54.7	107.8

表 6 2009—2019 年广东省和全国货运量情况汇总表

年份	货运量（万吨）	货运周转量（亿吨千米）	港口吞吐量（万吨）	快递业务量（万件）	全国货运量（万吨）	全国货运周转量（亿吨千米）	全国港口吞吐量（万吨）	全国快递业务量（万件）
2009	179722	4942.8	102761	42206.5	2825222	122133	475481	185784.8
2010	205034	5933.9	122258	59107.5	3241807	141837	548358	233892
2011	234978	7113.3	133704	75689.7	3696961	159324	616292	367311.1
2012	266359	9780.6	140776	133770.5	4100436	173804	665245	568548
2013	328138	12212.6	156373	210670.3	4098900	168014	728098	918674.9
2014	353732	15020.9	165455	335555.9	4167296	181668	769557	1395925.3
2015	349832	14667.4	171109	501335	4175886	178356	784578	2066636.8
2016	377645	22032.3	179924	767241.6	4386763	186629	810933	3128315.1
2017	400601	28192.2	198015	1013468	4804850	197373	865464	4005591.9
2018	424996	28644.8	211037	1296195.7	5152732	204686	922392	5071042.8
2019	446018	29230.88	191819	1680594.05	4713624	199394	918774	6352291

表 7 2010—2019 年全国交通基础设施建设情况

年份	铁路营业里程（万千米）	公路通车里程（万千米）	等级公路里程比重（%）	民用载货汽车拥有量（万辆）	公路营运载货汽车吨位数（万吨）
2010	9.12	400.8	82.4	1597.55	5999.82
2011	9.32	410.6	84.1	1787.99	7261.2
2012	9.78	423.75	85.2	1894.75	8062.14
2013	10.31	435.62	86.2	2010.62	9613.91
2014	11.18	446.39	87.4	2025.46	10292.47
2015	12.10	457.73	88.4	2065.62	10366.5
2016	12.40	469.63	90.0	2171.89	10826.78
2017	12.70	477.35	90.9	2338.85	11774.81
2018	13.17	484.65	92.1	2567.82	12872.97
2019	13.99	501.25	93.7	2782.84	13587

表 8 2010—2019 年广东省交通基础设施建设情况占全国的比重及广东省、
全国等级公路里程比重

年份	铁路营业里程占全国比重（%）	公路通车里程占全国比重（%）	民用载货汽车拥有量占全国比重（%）	公路营运载货汽车吨位数占全国比重（%）	广东等级公路里程比重（%）	全国等级公路里程比重（%）
2010	2.52	4.74	9.26	5.62	89.5	82.4
2011	2.74	4.65	8.95	6.57	90.4	84.1
2012	2.61	4.60	8.97	5.36	90.9	85.2
2013	3.11	4.66	8.90	5.26	91.9	86.2
2014	3.42	4.75	8.99	4.89	92.9	87.4
2015	3.19	4.72	8.47	4.84	93.3	88.4
2016	3.44	4.64	8.43	4.98	93.8	90.0
2017	3.39	4.61	8.38	4.92	94.0	90.9
2018	3.52	4.50	8.49	4.74	96.1	92.1
2019	3.45	4.39	8.55	4.97	96.0	93.7

参考文献

中文文献

［1］张海珍．牛丽姜．物流经济地理［M］．北京：人民交通出版社，2008.

［2］王悦．企业物流管理［M］．北京：中国人民大学出版社，2011.

［3］张得志．低碳物流网络布局优化［M］．长沙：中南大学出版社，2015.

［4］张永，鲍香台，梁歌，等．低碳物流运作理论与方法［M］．北京：科学出版社，2017.

［5］戚守峰，唐金环．低碳物流［M］．北京：中国财富出版社，2015.

［6］陆岚．物流管理基础理论［M］．北京：机械工业出版社，2004.

［7］杨红娟．低碳供应链管理［M］．北京：科学出版社，2013.

［8］夏良杰．低碳供应链运营协调与优化［M］．北京：人民邮电出版社，2016.

［9］戴定一．物流与低碳经济［J］．中国物流与采购，2008（21）：24-25.

［10］徐旭．低碳物流的内涵、特征及发展模式［J］．商业研究，2011（04）183-187.

［11］范学谦．全球化下低碳物流发展研究［J］．交通信息与安全，2012（02）：45-49.

［12］陶晶. 低碳经济下的低碳物流探讨［J］. 中国经贸导刊，2010（12）：72.

［13］楚龙娟，冯春. 碳足迹在物流和供应链中的应用研究［J］. 中国软科学，2010（S1）：41-47.

［14］马越越，王维国. 中国物流业碳排放特征及其影响因素分析：基于LMDI分解技术［J］. 数学的实践与认识，2013，43（10）：31-41.

［15］刘楠. 城市物流业碳排放测算及影响因素分析——以天津市为例［D］. 西安：长安大学，2013.

［16］李丽. 京津冀低碳物流能力评价指标体系构建——基于模糊物元法的研究［J］. 现代财经（天津财经大学学报），2013（2）：72-81.

［17］李碧珍，叶琪. 福建省低碳物流发展的影响因子评价——基于网络层次分析法［J］. 福建师范大学学报（哲学社会科学版），2014（3）：14-20.

［18］周容霞，安增军. 基于模糊物元法的海西区域低碳物流能力评价实证研究［J］. 福建江夏学院学报，2015（1）：28-35.

［19］李永林. 基于DEA的我国低碳物流效率研究［J］. 中国市场，2014（27）：23-25.

［20］唐丽敏，曾颖，王成武，等. 基于系统动力学的物流节能减排政策模拟［J］. 系统工程，2013，31（6）：87-94.

［21］季模模. 区域物流产业竞争力综合评价研究——以浙江省为例［D］. 杭州：浙江工商大学，2010.

［22］张乐. 区域物流产业竞争力评价研究［D］. 长沙：中南大学，2011.

［23］李虹. 关于我国区域物流竞争力的分析与评价——以辽宁省为例［J］. 技术经济与管理研究，2012（4）：108-111.

［24］福建省统计局．福建统计年鉴 2010—2020.［EB/OL］.http://tjj.fujian.
gov.cn/xxgk/ndsj，2020-12-05.

［25］浙江省统计局．浙江统计年鉴 2010—2020.［EB/OL］. http://tjj.zj.gov.
cn/col/col1525563/index.html，2020-12-07.

［26］广东省统计局．浙江统计年鉴 2010—2020.［EB/OL］.http://stats.
gd.gov.cn/gdtjnj，/2020-12-08.

［27］国家统计局.中国统计年鉴 2010—2020.［EB/OL］.http://www.stats.
gov.cn/tjsj/ndsj/2020-12-13.

［28］臧新，陆俊杰．我国物流业能源效率的地区差异及影响因素——基于
PEA-BCC 模型的实证研究［J］.北京交通大学学报（社会科学版），
2018（03）：101-111

［29］陆欢，戴晓峰，陈方．城镇化与物流业发展的时空耦合研究——以
中国大陆 31 个省市区为例［J］．资源开发与市场，2018，34（03）：
807-812.

［30］张立国，李东.中国物流业能源消耗、碳排放与行业发展关系分析
［J］.科技管理研究，2015（24）：238-243.

［31］张诚，周安，张志坚．低碳经济下物流碳足迹动态预测研究——基于
2004—2012 年 30 省市面板数据［J］.科技管理研究，2015，35（24）：
211-215

［32］王学良，乐小兵．协同发展下区域低碳物流竞争力评价［J］.物流管理，
2020（06）：103-105.

［33］周容霞，郑颖．基于神经网络的钢铁企业低碳供应链绩效的模糊综合
评价［J］.哈尔滨师范大学自然科学学报，2018，34（02）：70-76.

［34］张慧，孙秀梅．基于 AHP 模糊综合评价对低碳供应链绩效评价的研究

［J］．山东理工大学学报（自然科学版），2016，30（01）：73-78.

［35］史通纾．MK钢铁公司低碳供应链绩效评价研究［D］．西安：西安工业大学，2019.

［36］于君涛．制造业低碳供应链的碳排放数量模型与绩效评价研究——基于中国大型制造业碳排放限额视角［D］．天津：天津财经大学，2016.

［37］生艳梅，孙丹，周永占，等．低碳视角下绿色供应链绩效评价指标体系构建［J］．辽宁工程技术大学学报（社会科学版），2014，16（01）：25-27.

［38］林金钗，祝静，代应．低碳供应链内涵解析及其研究现状［J］．重庆理工大学学报（社会科学版），2015，29（09）：48-54.

［39］叶伟．基于DEA-AHP的低碳供应链绩效评价研究［D］．邯郸：河北工程大学，2013.

［40］董文心，王英，张悦，等．基于DEMATEL-相关性分析和VIKOR-灰色关联分析的供应链绩效评价模型研究［J］．科技管理研究，2018，38（09）：191-197.

［41］朱越，吴卿，李巍巍，等．基于BSC-SCOR的煤炭供应链绩效评价体系研究［J］．经贸实践，2016（04）：300-306.

［42］马士华，孟庆鑫．供应链物流能力的研究现状及发展趋势［J］．计算机集成制造系统，2005，11（3）：301-307.

［43］周泰．区域物流能力与区域经济协同发展研究［D］．成都：西南交通大学，2009.

［44］杜栋，庞庆华，吴炎．现代综合评价方法与案例精选［M］．北京：清华大学出版社，2008.

［45］宋丽娜．丝绸之路经济带我国沿线区域低碳物流绩效差异研究［D］．

郑州：郑州大学，2020.

［46］王志远，潘紫嫣，陈立鏖．基于 AHP-DEA 的淮河生态经济带低碳物流发展水平绩效评价体系构建［J］．北京印刷学院学报，2019，27（09）：37-39.

［47］苑施楠．供应链环境下低碳物流绩效综合评价研究［D］．沈阳：沈阳大学，2013.

英文文献

［1］Butner K, Geuder D, Hittner J. Mastering carbon management: balancing trade-offs to optimize supply chain efficiencies［M］.New York:IBM Institute for Business Value, 2008:2-12.

［2］Chaabane A, Ramudhin A, Paquet M. Design of sustainable supply chains under the emission trading scheme［J］. International Journal of Production Economics, 2012, 135（1）: 37-49.

［3］Harris I, Naim M, Palmer A, et al. Assessing the impact of cost optimization based on infrastructure modelling on CO_2 emissions［J］.International Journal of Production Economics, 2011, 131（1）: 313-321.

［4］A.G. Qureshi, E. Taniguchi,T. Yamada.An exact solution approach for vehicle routing and scheduling problems with soft time windows［J］. Transportation Research Part E, 2009, 45（6）: 960-977.

［5］Piattelli M L, Cuneo M A, Bianchi N P, et al.The control of goods transportation growth by modal share re-planning: the role of a carbon tax［J］. System Dynamics Review, 2002, 18（1）: 47-69.

［6］Kee-hung Lai.Service capability and performance of logistics service providers [J]. Transportation Research Part E: Logistics and Transportation Review, 2004, 40 (5) : 385-399.

[7] Balan Sundarakani, Robert de Souza,et al. Modeling carbon footprints across the supply chain [J]. Production Economics, 2010,128 (1) : 43-50

[8] Wackernagel, Mathis. Our ecological footprint: reducing human impact on the earth [M]. Canada: New Society Publishers, 1996.

[9] Hon Loong Lam, Petar Varbanov, et al. Minimizing carbon footprint of regional biomass supply chains [J]. Resources, Conservation and Recycling, 2009, 54 (5) : 303-309.

[10] Erica L.Plambeck.Reducing greenhouse gas emissions through operations and supply chain management [J]. Energy Economics, 2012 (34) : 64-74.

[11] Chia-Wei Haua, Tsai-Chi Kuo, Sheng-Huang Chen, et al. Using DEMATEL to develop a Carbon management model of supplier selection in green supply chain management [J]. Journal of Cleaner Production, 2013 (56) : 164-172.

[12] Krishnendu Shaw, Ravi Shankar,Surendra S.Yadav, Lakshman S.Thakur. Supplier selection using fuzzy AHP and fuzzy multi-objective linear programming for developing low carbon supply chain [J]. Expert Systems with Applications, 2012, 39 (9) : 8182-8192.

[13] Bowersox D J, Closs D J.Logistical management: The integrated supply chain process (vol. 2) [M]. Columbus OH: The McGraw-Hill Co. Inc., 1999.

[14] Waters D. Logistics: An Introduction to Supply Chain Management [M]. New York : Palgrave Macmillan, 2003.

［15］Savaskan R C, Bhattacharya S, Van Wassenhove L N. Closed-loop supply chain models with product remanufacturing［J］. Management science, 2004, 50（2）: 239-252.

［16］Demir E, Bektas T, Laporte G.A review of recent research on green road freight transportation［J］. European Journal of Operational Research, 2014, 237（3）: 775-793.

［17］Gunasekaran A, Patel C, Tirtiroglu E.Performance Measures and Metrics in a Supply Chain Environment［J］. International Journal of Operations & Production Management, 2001, 21（1/2）: 71-87.

［18］Johnson S D. Identification and Selection of Environmental Performance Indicators: Application of the Balanced Scorecard Approach［J］. Corporate Environmental Strategy, 1998, 5（4）: 34-41.

［19］Erol I, Sencer S, Sari R. A New Fuzzy Multi-Criteria Framework for Measuring Sustainability Performance of a Supply Chain［J］.Ecological Economics, 2011, 70（6）: 1088-1100.

［20］Hsu C W, Kuo T C, Chen S H, et al. Using DEMATEL to Develop a Carbon Management Model of Supplier Selection in Green Supply Chain Management［J］. Journal of Cleaner Production, 2013, 56（10）:164-172.

［21］Huang Hua. A Study of Developing Chinese Low Carbon Logistics in the New Railway Period［A］. International Conference of E - Product E-Service and E-Entertainment (ICEEE)［C］. Henan:ICEEE, 2010: 1-4.

［22］Allen Yuhung Lai, Jingwei Alex He. A Proposed Asean Disaster Response,Training And Logistic Centre Enhancing Regional Governance In Disaster Management［J］.Transit Studies Review, 2009（16）: 299-315.

［23］Poul Ove Pedersen.Freight transport under globalization and its impact on Africa［J］. Journal of Transport Geography, 2001, 9（2）: 85-99.

［24］Joong Kun.Firm Performance in the E-commerce Market:the Role of Logistics Capabilities And Logistics Out sourcing［D］. Thesis: University of Arkansas, 2001.

［25］M.F.Chong, D. C. Y. Foo, D. K. S. Ng, et al.Green Technologies for Sustainable Processes［J］. Process Safety and Environmental Protection, 2014, 92（6）: 487-488.

［26］K.H.Lee, B.Min.Green R&D for eco-innovation and its impact on carbon emissions and firm performance［J］. Journal of Cleaner Production, 2015（108）: 534-542.

［27］H.Rosic,W.Jammernegg.The economic and environmental performance of dual sourcing:A newsvendor approach［J］. International Journal of Production Economics, 2013, 143（1）:109-119.

［28］X.Xu, P.He. Joint production and pricing decisions for multiple products with cap-and-trade and carbon tax regulations［J］. Journal of Cleaner Production, 2016（112）: 4039-4106.

［29］P.Rocha, T.K.Das, V.Nanduri, et al. Impact of CO_2 cap-and-trade programs on restructured power markets with generation capacity investments［J］. International Journal of Electrical Power & Energy Systems, 2015（71）: 195-208.

［30］K.H.Lee. Integrating carbon footprint into supply chain management:the case of Hyundai Motor Company（HMC）in the automobile industry［J］. Journal of Cleaner Production, 2011, 19（11）: 1216-1223.

后 记

我之所以踏入低碳物流这个研究领域要从 2010 年说起。2010 年我有幸加入福建省城市经济研究会，成为研究会的一员。该研究会每年都会举办一届生态城市发展（国际）论坛，我作为筹备组成员，连续三届参与了论坛的筹备工作。在论坛上，来自国内外的多位专家学者围绕"绿色发展""生态城市建设""低碳经济发展"等主题进行了热烈讨论和交流，借此机会我接触并学习了很多关于绿色低碳和生态文明方面的知识，逐步意识到了国家深化节能减排、实现绿色低碳发展的坚定决心和重大意义，也由此勾起了我的学习兴趣。于是，我就开始有意识地去学习相关理论和国家发布的相关政策、法律法规。其间也发表了几篇与低碳相关的文章，但研究领域比较散乱分散，有关于能源消耗方面的、有关于旅游景区低碳发展方面的、有关于产业转型升级方面的，研究领域杂乱，缺乏系统性。

慢慢地，我自己意识到这样做科研，很难把研究做实做深做透。一度迷茫的我曾向身边的资深教师去求教，他们的意见给我很大启发，我也逐渐明白自己这样做科研等同于"舍近求远"，为什么不能立足自己所学专业来研究行业低碳发展问题呢？用自己所学专业知识来解决行业发展问题，践行理论与实践相结合，这不正是教育的初心使命吗？物流行业作为我国国民经济支柱行业，是一个高排放、高耗能的行业，如果能推动物流业的低碳发展，那么对于经济和社会的可持续发展必然具有重要意义。所以，从2014年开始，我坚定了自己的研究方向，即围绕低碳物流来开展系统深入的研究。感谢身边资深教师的鼓励和点拨！

科研攻坚路漫漫。2014年以来，我坚持围绕低碳物流这一研究方向进行学习和钻研。2019年初，我开始着手去编写此书，当一度想放弃的时候，我告诉自己"既然选择了，就义无反顾"。其间，福建江夏学院的领导、同事也予给我很多帮助和鼓励。在本书即将付梓之际，我要感谢所有给予我帮助、支持和鼓励的恩师、领导、同事！感谢父母和家人的理解和鞭策！

本书的出版得到福建江夏学院工商管理学院应用型学科建设经费的资助，也得到了福建江夏学院科研创新团队（现代服务业管理与创新团队19KTXS03）建设经费的资助，由衷感谢工商管理学院各位领导和同事的支持和帮助，同时感谢武汉大学出版社相关老师所付出的辛勤劳动。